기일혜 수필집 48

세 아가씨의 꿈같은 봄날

기일혜 수필집

마흔여덟 번째 이야기

세 아가씨의 꿈같은 봄날

크리스찬서적

머리말

며칠 전, 친구가 한 말이다. "…어제는 낙심했어요. 앞으로 살아갈 희망이 없어 보이고…"

그가 전에 내게 한 말, "작가님과 얘기할 때 행복해요." 그런 그에게 행복을 만들어 드리고 싶어서, 수정 님이랑 까치울에서 만나자고 한다. "그날 긴 치마 입고 만나요."

무슨 이벤트 흉내가 아니다. 그냥 길고 풍성한 치마폭 바라보는 것만으로도 아늑하게 편안하고 위로가 될 것 같아서, 예스럽게 긴 치마 입고 만나자고 한다.

그는 긴 치마가 있다면서, "벌써부터 설레는데요."

내 어린 시절엔 수줍고 고운 치마 아가씨가 지나가면 주위가 환해지면서 순결해지고, 인생에 희망이 생기는 것 같았는데… 마음이 연푸르면 나이가 아무리 많아도 아가씨다.

오월 어느 봄날, 세 아가씨가 긴 치마 입고 만나 싱그럽게 놀다가 헤어진다. 낙심한 친구를 행복하게 하고 싶은 마음이 모두를 행복하게 한다.

내 수필집(48집)의 제목 "세 아가씨의 꿈같은 봄날"이 된다.

2022년 5월 31일 기일혜

차례

1부

새로운 이야기와 헌 이야기

영암 조 선생님(95세)의 독후감 1

한동안 몸이 편찮으셔서 소식 없던 조(동현) 선생님이 건강한 예전 목소리로 전화하신다. "…보내주신 책, 밭에서 새(鳥) 보면서 봤오." "뭣을 심었는데, 새를 보세요?"

"깨(참깨)요, 아침 6시면 일어나서 나오요. 7시 반이면 들어갔다가…" 종일 의자에 앉아 새 보는데(깨를 못 파먹게), 오늘은 내 책 받아서 보셨다는 선생님 말씀이 이어진다.

"괴테가 파우스트에서 말했어요. 진리란 논리나 철학 속에 있는 것도 아니고 진리란 사실, 팩트 속에 있다고….

기 선생님 글이 변했어요. 아주 짧게— 악세살이(액세서리)가 없어졌어요… 천부적인 소질로 남이 착안하지 못한 문제를 끄집어내서 하나님 얘기로 종결— 글이 짧게 팩트만 있어 맛탕구(맛)는 없는데, 읽을수록 깊이가 있어요.

미안하요. 이런 말 해서…."

그런가 하면 '죽음도 새롭게 생각하게 하는 깊이'가 있다 하시고… 선생님 정서나 의식, 기억력은 여전하시다.

영암 조 선생님(95세)의 독후감 2

온종일 참깨 심은 밭에서 새 보면서, 내 책(47집) 읽으셨다는 조 선생님 얘기는 계속된다.

"그래 그랑께… 내가 젊어서 스무 살 무렵에 학교 선생을 안 했소. 방과 후 운동장 구석지(구석)에서 톨스토이 부활을 읽으면서 눈물을 흘렸단 말이요. 그때 네플류도프가 명예 버리고 유형 가려고 하는 대목에서 울고 있으니, 내 선배님(나보다 4살 위)이, 내 등을 딱딱 때리면서 인생을 알려면 톨스토이보다 도스토예프스키를 읽어라, 현실을 더 알려면 고리키를 읽어라… 그는 광주 서중을 나왔어요. 24살, 나보다 네 살 많은 약관 선배가 이렇게 심오하구나…."

고리키 작품에 대해서 조 선생님은 상세하게 말씀하셨으나, 내가 독서량이 적고 기억력이 부족해서 다 기억 못하고, 아주 중요 부분을 여기에 못 옮기고 놓쳐서 여간 아쉬운 게 아니다… 이 말씀만은 강하게 남아 있다. 고리키가 어떤 작품에서 "내 양심 2천 원 주고 사 가거라!"

비상한 기억력인 선생님은 내 글에 대해서 계속 말씀하신다.

"기 선생님 글이 문체가 많이 변했어요. 악세살이(액세서리)가 없고 간결하고, 깊은 뜻을 품고 있어요… 오늘 하루 시간 가는 줄 모르고 지냈다고(내 책 읽으면서) 감사 말씀 드리고… 내 욕심만 생각할 때가 많은데, 기 선생님 글 보면서 혼탁해진 마음 청소했소. 많이 보배우고(보고 배우고)… 나이한테는 못해 본단 말이요… 그 안에 숨 쉴 때, 얼굴이나 한번 보게 오이시오. 김 선생님(내 남편)이랑 같이 꼭 오시라고요."

명령과도 같은 부탁 말씀이 서글프게 남는다.

'그 안에 숨 쉴 때, 얼굴이나 한번 보게 오이시오….'

지렁이가 징그러운데 반가워

조 선생님이 내 수필집(47집) 읽은 독후감 중에 하신 말씀이다. "5월 찬가(하이네의 시) 보았어요… 6월 10일이면 감자를 캐요… 노동이란 것 한계가 있어요. 새벽부터 밤중까지 육체적 고통이 심하지요. 낭만이 아니어요… 감자도 2월 추울 때 심는단 말이요… 감자, 우리가 먹을라고 심은 것 아니요. 내가 이 바닥에서 나서 자라고 살아서, 동네 사람들한테 나눠줄라고. 7년째 그라고 있오. 농약 안 하고 제초제 안 하니까 풀을 일일이 손으로 다 뽑고.

지렁이가 많은데 지렁이가 나오면 징그러워도 반가워. 뱀은 없어, 사람이 다 잡아먹었어. 옛날엔 풀밭에만 가도 뱀이 많았는데… 자연 생태계와 같이 살아야겠습디다…."

선생님은 고향 땅 영암을 몸으로 사랑하신다. 누가 그 연세(95세)에 내가 나고 자라고 살아온 동네 사람들과 나눠 먹으려고 유기농으로 감자 심겠는가, 그것도 7년째.

'내 고향 영암, 내 동네 회문리'를 끔찍이도 사랑하시는 조 선생님이시다.

여름 찰밥은 보약이라서

영암 조 선생님 댁에서 유기농 찹쌀(10kg 정도)과 묵직한 팥 한 봉지를 작년 가을에 택배로 보냈다. 사모님 말씀이 "그 찹쌀 친환경으로 농사지은 것이니 누구 주지 말고 선생님 한번 해 잡사요. 팥도 내가 농사지은 것이고."

95세, 93세 노부부가 보낸 친환경 곡식을 내가 받아서 선뜻 먹을 수 있겠는가?… 그것이 가장 필요한 사람 찾다가, 만났다.

어느 날 만난 친구와 한식을 먹는데, 잡채는 소화가 안 돼 안 먹는다면서 여름이면 더 소화가 안 돼 고생한다고.

"나를 닮아서 딸도 소화가 잘 안 돼 응급실에 가기도 해요."

옛날에 어른들이 여름 찰밥은 인삼보다 보약이라고 했다. 나는 소화 안 된다는 친구의 얘기 들으면서 우리 집 다용도실 찹쌀과 팥이 생각났다. 곧 그 친구네 집으로 옮겨졌다.

올여름엔 그 모녀가 친환경 찰밥 들면서 건강하시겠지. 내가 먹은 것보다 훨씬 기쁘다. 조 선생님도 사모님도 기뻐하시겠지. 나보다 더 필요한 사람에게 보내졌으니까.

필라델피아산 명품 구두

정확하게 23년 전, 내가 59세 때, 워싱턴 복음 신문사 초청으로 미국 동부 쪽 집회를 많이 가졌다. 필라델피아에서도 한 일주일 했는데, 내 강의 들은 구두점 하는 신자(여)가 여름 구두 두 켤레를 만들어서 내게 선물했다. 내 발 사이즈를 어떻게 알았는지?… 그 정성 안 받을 수가 없어, 한 켤레는 누구 드리고 하나만 갖고 와서, 한 번이나 신었을까.

운동화 신고 다니느라고… 그러다가 요즘 옛날에 입던 긴 원피스를 고쳐 입으니, 운동화보다 굽 낮은 구두가 어울려서 이제야 그 구두 다시 보니, 우아한 꽃무늬까지 있는 편안한 갈색 구두, 그가 만든 구두가 정교한 예술품이다. 아름답다.

감탄하면서, 구두 만들어 주신 그분을 찾는다. 아담한 키에 침착하고 건실한 인상의 그 구두 장인에게 부탁한다.

“서울에 오시면 저를 꼭 찾아주세요. 제 책 내는 출판사나 한국문인협회에 연락하면 제 전화번호 가르쳐줍니다. 꼭 만나고 싶습니다. 그토록 아름다운 여름 구두 두 켤레나 선물 받고도 오랫동안 참 무심했습니다.”

4월에 초대하고 싶은 손님

4월에는 내 손님 방에 반가운 손님이 오셔야 한다.

노년이라도 맘먹으면 손님 오시는 날 못 만들겠는가?

정죽 님은 서울 신월동에서 살 때, 1년에 손님 100분을 집에 초대하기도 했다. 그는 중년 한때, 고향 친정 아름다운 고택에서 살았다. 그 고택에 나도 손님으로 초대받아 갔는데, 내 홈웨어까지 손수 만들어 놓으셨다.

음식부터 침실, 집안 분위기, 세면실 한 구석까지,

'아름다운 한옥의 호텔급 초대'였다. 이번 4월엔 정죽 님을 내 손님 방에 초대하고 싶은데… 그는 많이 아프시다.

그는 도서관에서 다독상까지 받은 독서가. 그는 또 음식의 달인이어서, 몸이 아픈 작은집 조카(대학생) 둘이나 데려다 몇 년이나 거두고… 냉장고 없는 시절, 식구가 열 사람도 더 돼 여름엔 거의 매일 열무김치 한 바구니씩 담갔다.

그런 헌신의 삶이 쌓여서 그리도 많이 아프시나.

정죽 님께 한 말씀 드린다.

'당신이 있어 세상은 이만큼이라도 유지되고 있습니다.'

1년에 손님 100분 초대하신 정죽 님

정죽 님(88세)은 아주 오래 전, 서울 신월동에서 살 때, '올해는 손님을 집으로 100분 초대해야지.' 하고, 실천하셨다. 문제는 대접하는 일이 아니라 초대할 손님 모으는 일이었다. 그때 개척교회 출석하던 때라 교인들도 초대하고.

손님 100분 초대하면 100일 동안 세계 여행한 거나 비슷하지 않을까. 세계 여행이 견문을 넓혀준다면 손님 초대는 풍부한 인성(人性), 다양한 안목을 길러줄 것.

나도 정죽 님 본받아서 올해, 손님 많이 초대해 볼까 하다가 몸도 허약하고 집안일에 서툰 나는 망설인다.

정죽 님은 음식이나 살림의 달인, 편지도 많이 쓰는 인생상담 전문가. 미국이나 한국 어디에서 사시든, 그는 정직한 언행과 신뢰, 하나님 말씀과 절약해서 모은 물질로 이웃을 돕고 살리는 분. 한량없이 크고 깊고도 높아—

사람 말로는 다 표현이 안 되고,

사람 마음으로는 다 알 수가 없는 분.

그는 긍휼이 풍성하신 '거룩하신' 분이다.

자랑 끝에 불붙는다

나는 오늘 아침 일찍 남편 러닝셔츠 손빨래하고 나서 욕실 하수구도 청소했다. 하수구 속, 뚜껑 등을 잘 소독해서 제 자리에 놓았다. 전엔 남편이 했는데, 몇 년 전부터 내가 한다. 그리고 남편에게 자랑하려다가 만다.

자랑 끝에 불붙는다는 말이 생각났기에.

자랑 끝에 불붙는다는 말은 자랑하면 싸움 난다는 말이 아닐까 한다. 남의 자랑을 들으면 사람들은 거의 속이 불편해진다. 속말로 '열 받는다'

그 열이 바로 불붙는 것. 남의 자랑 듣는 사람만 불붙는 것 아니고 자랑하는 사람 속도 이미 불붙었다.

자랑하려는, 교만이 자기 맘 속에서 일어났으니까. 교만은 열등감에서 나온다고 하니, 열등감이라는 열불이 자기 속에서 먼저 불붙은 것. 그래서 성경에선 자랑하지 말라고 하신다. 자랑은 상대방 속에 불붙이고,

내 속에 불붙이는, 싸움이나 붙이는 백해무익한 것.

일혜야 너는 모르지, 이 외로움을

고향 친구가 내가 보낸 책(47집) 받았다면서,

투정 섞인 다정하고도 진솔한 전화다.

"…내가 석 달째 누워 있다가, 이제 겨우 일어나서 벽을 짚고 걸어는 다녀… 마당에 나가 봤더니, 우체부가 늬 책 건네주더라… '적막강산 탈출기' 봤다… 나야말로 적막강산이다. 일혜야, 넌 이 외로움을 모를 거야… 난 이렇게 아프면서도 딸 셋한테도 안 알렸다."

전에 그에게서 들었다. "서울대, 고려대, 순천향대 응급실 다 가도 안 받아줘(코로나 환자가 많을 때). 경희대 응급실에서 받아줘서… 병명이 안 나와. 난 이렇게 허리가 쑤셔서 아파 죽겠는데, 오죽하면 혼자 응급실로 실려 갔겠냐."

"딸들한테 왜 안 알렸어?"

"안 알렸어. 다들 바쁘게 사는데,

내 일은 내가 해결해야지…."

전에 거기까지만 듣고 한 달이나 지났을까.

오늘 내 책 받았다는 전화하면서, 친구는 미국에서 사는 딸이 왔다 갔다고 한다.

"…나는 말 안 했는데, 나 아픈 걸 아는 딸 친구가 말했나 봐…."

친구의 투정은 이어진다.

"일혜야 나야말로 적막강산이다…"

"미안해 용서해. 나는 적막강산 탈출할 건강이라도 있으니까. 이런 내가 너의 아픔을, 외로움을 어찌 알겠니… 부끄럽다. 용서해라."

자녀가 어떻게 하든, 엄마는 살아서

몇 달째 앓고 있다가, 이젠 좀 일어나서 마당은 나갈 수 있다는 친구의 얘기는 계속된다. "일혜야, 늬 책 머리말에 '천국에 가고 싶다는 친구'가 있던데… 내가 얼마 전에 그랬다.

혼자 사흘을 물도 안 먹고 누워서, 죽고 싶더라… 어떻게 일어난 줄 아니?… 그때 미국 딸한테서 전화가 왔더라. 뭐라고 말하냐면 '엄마 잘 있어 안 아파?' 내가 잘 아프니까.

딸 목소리를 듣자, 내가 정신이 번쩍 나더라. 아, 이 딸이 미국에서 살면서 엄마! 하고 부를 엄마가 있어야겠구나. 내가 죽으면 안 된다!… 내가 딸 목소리를 듣고 일어났다…."

그러나 미국에서 부유(富裕)하게 산 딸은 대학생 아들과 엄마 보러 와서, 불편한 한국 엄마 집 아닌 고급호텔에 한 주일 유숙하면서 하루에 한번 엄마 집에 왔다.

그렇게라도 딸을 보았다고 좋아하는 친구. 그는 엄마가 어떻게 살아야 하는가? 내게 뼈아프게 가르쳐준다… 자녀가 어떻게 하든, 엄마는 살아서 그의 엄마가 돼줘야 한다.

엄마 사랑은 그렇게 절대적인 것이라고.

첫물 고춧가루 나눠주러 다니는 사람

어젯밤, 어느 지방 독자와 통화 중, 내가 한 말이다.

“그 목사님(교인들 머슴 같았던)이 농사지은 고춧가루를 내게 보냈습디다. 내가 고춧가루 5근 사서, 안고 좋아했다는 글 보고 보내신다고 하면서… 목사님이 은퇴하시고 처음 농사지은 귀한 고춧가루, 내가 어떻게 먹겠어요. 보내주신 성의 생각하고 내 몫으로 한 보시기만 덜어내고, 다 어느 전도사님에게 드렸어요. 가난한 교인에게 나눠 드리라고… 그런데 그 목사님께 이런 얘기는 차마 못 드렸어요. 듣고 섭섭해 하실까 봐.”

“아이고, 그 목사님 첫물 고춧가루 빻아서 차에다 싣고 다니면서 여기 저기 다 나눠주고 다녔대요.”

“그래요, 세상에나… 이제 죄송한 마음 안 가져도 되겠네요… 목사님이 고춧가루 없는 집에 자기가 농사지은 그 좋은 첫물 고춧가루 차에다 싣고 나눠주고 다녔다고요?”

“…그 목사님 사모님이 좋아요, 세상에 그런 분 없어요. 사모님한테 속엣말 다 하고 나면 속이 후련해져요.”

"그래요. 저도 많은 사모님 만났지만(국내, 국외) 그런 분 없어요. 저도 그 사모님 만나서 밤을 새며 얘기하고 싶어요. 언제 우리 당신 집에 모여서 실컷 얘기합시다. 밥은 당신 이웃집 '작가 동생' 집에서 먹고."

"그래요 그 권사님, 얼마나 순진한지 몰라요."

"이제 보니 자네도 내 '작가 동생'이지… 권사님이라고 했다, 자네라고 했다, 왔다 갔다 하네요."

"아무렇게나 불러도 좋아요."

"이제 보니 내가 그때— 당신더러 나를 언니라고 부르라고 했지. 내가 먼저. 어떻게든 당신을 위로해 드리고 싶었으니까. 당신에게 나를 다 주고 싶은 마음에서… 당신이 그때 너무 많이 슬펐지, 사람인 나로선 어떻게도 위로할 수 없이 큰 슬픔이었으니까……."

우리는 '작가 언니, 작가 동생' 하면서 주님 사랑 안에서 하나가 되어 간다.

어느 큰아버지의 사랑

친지에게서 들은 얘기다. 뇌경색(?)으로 입원한 어느 큰아버지의 유언 같은 말씀이다.

"나 죽거든 내 통장의 돈, 다 조카들에게 주어라."

어디, 어디 돈이 있다고 말하면서 그 조카들에게 다 주라고… 왜 자기 자녀들에게 주지 않나? 자기 자녀들은 다 자립해서 잘 살지만, 먼저 세상 떠난 동생 자녀들은 그만 못하니까… 요즘도 그런 큰아버지가 있나?… 그 큰아버지 사랑을 전해 듣고 감동한 나는, 하나님 사랑을 생각한다—

하나님은 아들 예수님보다 나, 기일혜를 더 사랑하셔서 이 땅에 사람으로 보내, 내 죗값(사망) 대신으로 자기 아들 예수님을 십자가에서 죽게 하셨다. 세상에 이런 일이 있다니!…

"하나님이 세상을 이처럼 사랑하사 독생자(예수님)를 주셨으니 이는 그를 믿는 자마다 멸망하지 않고 영생을 얻게 하심이라"(요한복음 3:16)

그 사랑 많으신 큰아버지는 기적같이 회복해서 다시 건강하게 잘 지내신다고 한다.

사람의 말에 힘이 있으려면

작년엔가, 어느 분으로부터 전화로 들은 이 말씀이 가끔 생각이 난다. 이 말씀,

"선배님, 어떻게 그리 아름답게 사십니까?"

내가 아름답게 못 살 때, 더러 생각이 난다.

내 심중에 있어, 가끔 생각이 나는,

그런 말씀을 하신 이는 어떤 사람일까?

오늘 아침에도 글을 쓰다가 문득 생각이 나더니, 깨달아지는 게 있다.

'아아 그분이 그렇게 아름답게 사시니까, 내 하찮은 삶도 아름답게 보시는구나…'

누군가의 말에 힘이 있어 상대 마음에 오래 남으려면,

그가 하는 말이 그의 삶 속에서 우러나와야, 한다. 삶 속에서 우러나온 말이어야 힘이 있고 상대의 마음에도 남는다.

그가 아름답게 살아낸 삶의 힘이,

그가 하는 말에 담겨져서 내 마음에도 오래 남는다.

약속하심은, 그 약속 지키신다는 말씀

소월의 시 "개여울" 전문이다.

> "당신은 무슨 일로 / 그리합니까 / 홀로히 개여울에
> 주저앉아서 // 파릇한 풀포기가 돋아나오고 잔물은
> 봄바람에 헤적일 때에 // 가도 아주 가지는 / 않노라
> 시던 / 그러한 약속이 있었겠지요 // 날마다 개여울
> 에 / 나와 앉아서 / 하염없이 무엇을 생각합니다 //
> 가도 아주 가지는 / 않노라심은 / 굳이 잊지 말라는
> 부탁인지요"

세상 사람도 사랑하는 사람의 말을, 다시 오신다는 약속으로 믿고 날마다 기다린다.

하나님 말씀인 성경 신약(新約)과 구약(舊約)은 다 우리에게 지키겠다고 하신 하나님의 약속이라고 한다.

구약은 오래된 약속, 신약은 새로운 약속 — 그 약속 믿고 이 험악한 세파를 참고 견디면서 이겨내라, 내가 너희를 다시 데리러 오신다는 하나님의 약속이라고 한다.

“너희는 마음에 근심하지 말라 하나님을 믿으니 또 나를 믿으라 내 아버지 집에 거할 곳이 많도다 그렇지 않으면 너희에게 일렀으리라 내가 너희를 위하여 거처를 예비하러 가노니 가서 너희를 위하여 거처를 예비하면 내가 다시 와서 너희를 내게로 영접하여 나 있는 곳에 너희도 있게 하리라”(요한복음 14:1~3)

자식 걱정은 하늘까지 가지고 간다

자식 걱정은 하늘까지 가지고 간다는 속담이 있다.

자식 걱정은 끝이 없고 무한하다는, 엄마 사랑을 비유한 것 같다. 그러나 자식 걱정, 하늘까지 가지고 간들 어떻게도 할 수 없다.

이런 성경 말씀이 있다. "하나님의 뜻대로 하는 근심은 후회할 것이 없는 구원에 이르게 하는 회개를 이루는 것이요 세상 근심은 사망을 이루는 것이니라"(고린도후서 7:10)

인간인 어머니가 아무리 근심 걱정한들, 끝내는 그 어머니도 사망하고마는 부질없는 것이라는 말씀이다. 어머니가 죽어서 그 걱정 하늘까지 가지고 간들 무슨 소용 있으리오.

그런 근심은 사망을 이룰 뿐이다.

어머니가 자식 걱정만 하고 있을 게 아니라 예수님 믿고, 자식을 예수님 사랑으로 키우면서, 하나님께 맡기면 되지 않을까. 내 자녀가 아니고, 하나님 자녀니까.

믿고 맡기면 하나님이 알아서 하실 것이다.

전화 않고 갑자기 온 친구

어느 추운 겨울 날 오전, 갑자기 친구 전화다.

지금— 우리 아파트 현관 앞이라고. 놀라면서 당황하는 내게 남편이 침착하게 말한다. "미리 전화하고 올 만큼 여유도 없이, 마음이 급해서, 전화도 못 하고 오셨나 보네. 얼른 내려가 보소." 내려가면서 생각한다. '…친구가 갑자기 온다고 왜 놀라지? 전화도 하지 않고 오는 건 상식에 어긋난다고?'

친구는 내게 물미역을 건네주고 바쁘다고 그냥 간다.

누가 준, 바다에서 막 뜯은 물미역, 싱싱할 때 주러 왔다고.

나중에 들은 말인데, 친구는 전화하고 오면 내가 뭘 주려고 준비할까 봐 안 하고 온다고. 친구 집이라도 미리 전화하고 간다는 내 상식도 이런 순전한 우정 앞에선 무색해진다.

바다 속에서 막 뜯은 물미역처럼 자연산 그대로인 친구. 그런 친구의 갑작스런 방문에 순간이지만 당황하는 나.

내가 요즘 상식과 세상 예의로 가득 찬 속물이 되었구나.

세상 상식 같은 건 초월한 그의 깊은 뜻을,

평범한 생활인인 내가 어찌 다 알랴.

난 부자다, 아무 것도 가지고 오지 마라

오빠가 오래 된 단독주택을 팔고 근처 아파트로 이사 가셨다. 동생들이 이사 가신 집 방문하겠다고 해서, 내가 오빠에게 묻는다, “무엇이 필요해요?”

“난 부자다, 아무것도 가지고 오지 마라!”

이 말씀을 옆에서 듣고 있던 동생이

“그럼 오빠, 우리 맛있는 거나 많이 사 주셔요.”

“그럼 그럼, 뭣이든 말만 해라.”

아무리 부자라도, 형제들에게 돈 많이 있는 척 안하는 장남도 있다는데, 오빠는 그리 부자도 아니면서 마음이 부자니까 자신을 부자라고 한다. 그리고 맛있는 거나 많이 사 달라는 동생도 유족한데, 뭐가 그리 먹고 싶어서 그런 말 했겠는가. 편안한 오빠 옆에서 어린 날, 맛있는 것, 좋은 옷도 사다 준 오빠에게 어린양하듯 해본 말이다.

오빠와 동생의 대화가 다정하다.

이게 형제우애 아니겠는가.

할머니는 아파트에서도 마실 간다

우리 아파트 승강기 안, 백발의 할머니께 내가 말을 건넨다. "○층 친구 집 가시지요?" 내 물음에, 잘 안 들리는지 대답 안 하신다. 그는 비닐봉지에 뭣인가 조금 담아 들고서, 신나고 즐거운 표정. 친구 만나러 마실 가는 마음은 백발이어도 아이처럼 천하를 얻은 듯 만족한 얼굴.

그런데, 나는 이 아파트에서 놀러 갈 친구나 이웃이 없다… 가장 친한 사람은 청소부 아주머니. 놀러 갈 친구를 사귀고 싶지만 어렵다. 그래서 올해 내가 침노해서 찾은 새 친구는 우면동 양자 님, 인천 수정 님.

어제는 수정 님 집에 갔다. 대화 중에 그는,

"…교만해지지가 않아요." 동행한 매원 님도 "저는 못하는 게 많아서, 교만해지지 않고, 거절 잘 못해요."

이런 친구들 얘기는, 나를 들여다보게 한다. 내 무의식 속에 숨어 있는 교만과 어느 땐 매몰차게 거절하는 내 엄격한 작가의식을… 엄격함은 사람 사귐에는 아무런 쓸모가 없는 것 아닐까? 따뜻함, 인자함, 겸손함만 남는다.

당신은 내 보배 친구야

내게 책 빌려주는 이동도서관(?)인 매원 님에게 전화한다. 그는 지금, 8시부터 11시까지 아르바이트(요양보호사) 하고 집에 와, 점심 먹고 쉬고 있는 시간. 그가 전화 받자, 내 맘이 편안해진다. 나는 다짜고짜 그에게 말한다.

"아이그, 내 보배 매원 님 잘 계셨어요." "전 보배가 아니어요… 어제도 얼마나 낙심했다고요. 이렇게 살아서, 무슨 희망이 있을까 하고… 곧 회개했지만요." "…그럴 수 있어요. 때로는 낙심도 하고 회개도 하고 그러지요. 매원 님이 보배 아니면 내가 보배로 만들어드리지요. 내가 당신을 전심으로 위하고 사랑하면 당신은 내 보배가 되는 거예요.

아무리 황무지 묵정밭에도 장미를 심으면 장미 꽃밭이 되듯이, 낙심되고 쓸쓸한 마음에도 누군가의 애정과 정성이 부어지면 그 사람은 극상품이 되지요. 그게 보배 아니겠어요."

사람이 보배 되는데 무슨 조건이 있을까? 왕의 자녀는 왕자나 공주가 되듯이 하나님 믿는 자녀는 다 영원히 빛나는 보배로 태어난다. 자기가 보배라는 걸 모르고 있을 뿐이다.

남편이 멋지면 아내 기분이 왜 이렇게 좋을까

오늘 친구가 집으로 오기로 했는데, 남편이 외출한다.

남편이 입은 연한 청회색 풍신한 점퍼가 여간 멋있는 게 아니다. 나는 그 옷이 너무 아름다워서 큰소리로 감탄하면서 외치듯이 말한다.

"어머 멋있어라! 이 색 좀 봐, 아니 이런 점퍼가 어디 있었어요? 왜 이런 옷, 인제야 입어요. 진즉 입어서 아내 기분 좀 좋게 해주지…"

남편은 아내 감탄에 덤덤하고… 남편은 풍신한 청회색 점퍼에 어울리게 챙 넓은 모자 쓰고 서부의 사나이 같이, 오늘 친구들과 야외로 나가는가?

전에도 남편이 입은 것 같은 청회색 점퍼 같은데,

나는 오늘에야 그 옷과 새롭게 만난다.

새롭게 만난 감격이 너무 커서 남편에게 이 말, 안 할 수가 없다.

"정말 오늘 당신 멋져요.

이 색깔이 당신 품격을 확 높여 주네요.

왜 나는 남편이 멋지면 이렇게 기분이 좋을까?…
나도 모르겠네요."

아내가 멋있으면 남편도 이렇게 기분이 좋겠지.

그러나 늙어서 이제는 멋있을 수도 없는 늙은 아내와 같이 사는 남편이 갑자기 불쌍해진다.

이 불쌍함도 인생의 순리. 다소곳이 받아들여야 한다.

노년의 부부가 서로 불쌍히 여기는 마음을 갖는 것은,

노부부 사이가 건강하다는 증거라고도 한다.

새로운 이야기와 헌 이야기

"새로운 이야기와 헌 이야기"라는 어느 목사님 말씀을 들었다. 한마디로 예수님이 하신 모든 이야기는 '새로운 이야기' 그리고 사람이 자기 자신만을 위해서, 자기 안녕과 이득을 위한 이야기는 다 '헌 이야기'라고 한다.

금과옥조(金科玉條) 같은 말씀이라 좀 길더라도 여기에 아니 옮길 수가 없다.

"몇 년 전 서울 공대 교수 26명이 우리나라가 처한 현실과 대안을 정리한, 한국 경제에 필요한 것은 '새로운 이야기'라는 책을 썼습니다. 경제가 세상을 움직이는 힘을 갖는 것은 고등수학이 아닌 '새로운 이야기'로 다가올 때라고, 거기서 말하고 있습니다.

비단 경제뿐만이 아닙니다. 세상의 모든 분야에서 변화를 일으킨 것은 이론이나 교리나 공식이 아니라 작더라도 '새로운 이야기'입니다. 새로운 이야기는 새로운 영향력으로 사람을 움직여서 세상을 새롭게 변화시킵니다.

예수님도 이 땅에 오셔서 하신 모든 말씀들이 다 새로운 이야기입니다. 그 동안에 사람들이 들어보지 못한 경천동지(驚天動地)의 이야기들입니다."

"예수님의 첫 수업— 산상수훈이 첫 수업이거든요.

산상수훈의 첫 말씀은 '가난한 사람은 복이 있다' 입니다. 가난한 사람은 복이 있다! 예나 지금이나 가난한 사람들은 자타가 공인하는 박복한 존재들입니다. '아 나는 가난하니까 복이 있다.'고 한 사람은, 단 한 사람도 없었습니다. 그 절대 고정의 이야기를 예수님께서 완전히 뒤집어 버리신 것입니다. 그 이후, 돈이 없어 가난하거나 심령이 가난한 사람들이 복이 있다는 예수님 이야기를 믿고, 새로운 이야기를 써 내려갔습니다. 이들에 의해서 더디더라도 세상은 하나님의 뜻으로 조금씩, 조금씩 가까워지고 있습니다."

"예수님께서는 새로운 이야기를 하신 것뿐 아니라,

온 몸으로 그 새로운 이야기를 살아내셨습니다. 사셨습니다. 예수님은 우리를 예수님의 몸이라고 하셨습니다. 우리들도 온 몸으로 예수님께서 가르치신 이 새로운 이야기를 살아내라는 것입니다. 그렇게 살아내면— 내 생명이 살 뿐 아니라 내 삶은 30배 60배 100배의 결실을 맺는 풍성한 것이 됩니다."

나는, 내가 위대하다고 생각해

어제, 이웃에 살던 중학교 친구가 생각나서 그에게 전화했다. "…잘 지낸가. 코로나 잠잠하면 만나고 싶네. 자네 집에서 자네가 해준 밥 한번 먹고 싶네."

"나는 허리가 아파서 내 밥(아침)만 겨우 해 먹고, 점심은 거의 밖에서 먹어." "세상에 그렇구나. 난 외식이 싫어서 집에 있는 것으로 먹자고 그랬는데, 그렇게 허리가 나쁜 줄 모르고 미안하네."

"내가 병원생활(환자 간병인) 17년 했어.

그래서 몸이 말이 아니야."

"그렇게 해서 딸 넷 다 잘 가르치고 참으로 위대하네."

"그래, 내가 생각해도, 나는 내가 위대하다고 생각해."

"그래서 지금 자네는 동창들의 리더가 된 거야.

딸 넷, 우리 친구들뿐 아니라 자네 이웃들에게도 리더야. 17년 간 몸이 다 망가지는 병원 환자 간병인 생활이 자네를 지도자로 만든 것이지. 나도 지금 자네한테 배우고 있네… 내가 자네한테 전화한 건, 어려서 보면 자네는 항상 신중하고 어딘가 말 못하는 숨은 슬픔 같은 게 있어 보였어."

"어떻게 알았니? 내가 맘대로 공부를 못해서, 그게 늘 슬펐지. 항상 오빠 남동생들 가르친다고 나는 뒷전이야. 중학교도 내가 울고불고해서 늦게야 겨우 갔어.

이런 말해 준 사람은 늬가 처음이야. 그런 사람 없었어… 너같이 착한 애가 어딨다냐?"

그 친구가 오늘부터라도 '나는 위대하게 살았다'고 당당하게 살기를— 자신의 지난 힘든 삶(병원 환자 간병 17년)을 감사하면서, 그 감사함으로 이웃을 살리는 삶의 리더로서,

그는 이미 리더로서 살고 있다.

'그 애 남편 장례식 때 광주 친구들이 다 우리 집에서 자고 장례식장에 갔다.'

이 말 한마디가 그걸 증명하고 있다.

오늘은, 숨어 있는 훌륭한 친구 한 사람을 발견한 보람 있는 날이다. 우리는 내 옆에 가까이 있는 사람은 훌륭하다거나 위대하다는 생각을 안 한다. '내 곁에 있는 당신, 하나님이 사랑하시는 당신은 참으로 훌륭하고 위대한 사람입니다.'

친선대사가 된 김장김치

지난 초겨울(2021) 친구가 광주 동생에게서 김장김치 받고 감격해서 쓴 글이라면서 내게 보냈다. 그가 이런 글 내게 보내긴 처음이라 새롭게 읽는다.

"나는 광주에서 보내온 '언니 같은 동생'의 김장김치 한 쪽을 식탁에 놓고 있다.

동생이 김장김치 보낸 건 이번이 처음이라 몹시 놀랐으나, 동생들과 그 김치 나눌 생각에 설레고 분주해진다… 넉넉히 보냈으면 김장김치인데 귀엽게 6쪽 보내서, 그 손길이 예쁘고 고맙고 더욱 사랑이 번지는 것일까?

동생은 김치 보내면서 수육 고깃감 사라고 5만 원도 보냈다. 카톡으로 동생에게 김치 맛 전하고, 다른 동생들에게 우리 집으로 모여라 했더니, 다 일이 있다면서 각자 오겠다고.

산본 남동생은 어젯밤 퇴근길에, 김치 두 쪽에 생고기를 가져갔고… 화곡동 동생은 오늘 4시(오후)에 오고, 수원 동생은 침을 삼키면서도 화요일에 온다나… 인천 막내는 연락도 안 했다(못 올 사정이라).

광주 동생 김치 솜씨를 기대하기에, 동생들은 먹을 생각만 해도 먼저 행복해질 것이다. 이런 상황을 광주 동생에게 전했더니… 동생은 '넘(너무) 적게 보냈는데…' 했다."

광주 동생은 감동해서 내년에는 네 자매들이 광주에 김장하러 모이자 하고, 맛있는 김장김치로 예상 못한 일이 일어난다. 흩어져 사는 형제 자매를 하나로 만드는 김장김치.

이 이상의 친선대사가 있겠는가.

문득 한 조각 그리움이라도 되었으면

친구 동생(광주)은 올해 맘먹고 김장김치 많이 담가 시댁 식구들 오시라고 해서 점심 대접하고 김치 한 통씩 들려 보내고, 친정 형제자매들이 생각나서 한 통 보냈다. 수육 값까지… 엄마 김치 아니면 안 먹는다는 친구 딸이 광주 이모 김치 맛보고 하는 말. "엄마 김치보다 더 맛있네, 이모 김치가." 그 김장김치는 시댁, 친정으로 보내져서, 코로나로 얼어붙은 초겨울(2021)의 찬 마음 녹이는 친선대사 노릇 충분히 하고… 내년엔 솜씨 좋은 광주 동생 집에, 자매들이 다 모여 김장하자는 얘기까지 나오고… 나도 거기 끼어보고 싶지만, 분수를 알아야 할 것 같고. 김장김치 맛은 우리 세대엔 잊을 수 없는 그리운 어머니의 손맛이다.

그리움이 하나씩 사라지는 시대, 누군가에게 그리움 하나라도 만들어 드리면서 살고 싶어진다. 내가 만나는 사람마다의 가슴에 '내 온화한 마음 한 줌이라도' 안겨드린다면… 세월이 지난 어느 훗날, 내 온화함이 그에게 문득 한 조각 그리움이라도 되었으면 하지만.

며느리들과의 데이트

오늘, 5월 5일은 내가 두 며느리와 만나는 날.

장소는 오전 11시 '사랑의 교회 시계탑 앞'

나는 아침에 월요일에 오시는 손님맞이 준비로 동향 방 정리하다가 늦었다.

아침 반찬으로 상추 겉절이에 햇감자 된장국까지 끓이느라고 더… 남편은 택시 타고 가라고, 나는 돈 아끼려고 지하철로(안 타던 택시라 두렵기도 하고) 간다.

멋 내고 며느리들 만나려던 한가한 생각은 던져 버리고, 세수만 대강 하고 뛰어나간다.

지하철 서초역 가려면 우리 집에서 두 번 환승이나, 몹시 서둘렀기에 정시에 시계탑 밑에 도착.

두 며느리 만나 '아이구 좋아라!…'

내 방식으로, 반가운 인사하고.

며느리가 안내하는 다과점으로 간다.

오늘, 나는 남편이 며느리들에게 주라는 선물 들고,

중차대한 임무로 갔다.

임무 잘 수행하고 온 다음날 새벽,

어렴풋이 희미하게, 그러나 점점 또렷하게 생각나는 말이 있다… 며느리 둘은 한 교회 다른 성가대원인데, 어제 만났을 때다.

한 며느리가 다른 며느리에게 말한다.

"지난 번 연합예배 때 인사하려고 했는데…"

지나가는 말 같은데, 그 속에는 동서 간이라는 어떤 유대감이 착하고 아름답게 스며 있다….

사람의 만남은 가끔 그런 섬세한 여운을 남기면서 오랜 감동으로 남기도 한다.

젊은 며느리들에게서 배운다

나는 부족함이 많은 사람이라 누구에게서나 늘 배우려고 한다. 나와 전공이 다른 젊은 며느리들에게선 배울 게 많다.

"고부간은 하늘도 못 말린다."

이런 옛말은 시어머니와 며느리가 '아들 쟁탈전' 벌이기 때문 아니었을까?… 아들 엄마 노릇하다가, 며느리에게 그 엄마 노릇 위임했으니 얼마나 편안하고 즐거운가.

나는 며느리들과 친구로 지내고 싶다. '시어머니 대접'하면 섭섭하다. 내가 시어머니 노릇 잘 못해서도 그렇지만,

고부간은 거리감 있는 말. 친구가 좋다. 예수님도 우리 친구인데, 고부간이 친구 못 되나?… '사람 만나기 좋아하더니 이젠 며느리들까지 만나?…' 누구는 이런 말 할지도 모르나,

날마다 솟는 애정— 며느리들에게도 부어 주고 싶어서.

'우리 셋이 자주 만나자' 내 제안에 며느리들도 찬성함은, 그들도 예수님 친구이기에. 고부간도 주님 안에서는 친구다.

모든 만남의 비결은 내가 죽어 없어지면 되고,

실수하거나 잘못하면 내가 먼저 사과하면 되고.

정직한 소녀, 우리 집에 오다

동생이 우면동 자기 친구 양자 님과 같이 우리 집에 왔다.

그 친구는 어떤 사람이냐 하면, 그가 초등학교 5학년(?) 때 반에서 도난사건이 일어났다. 선생님은 반 학생 하나, 하나에게 물었다. 그 물건 보지 않았느냐고. 그런데 선생님은 그 친구에겐 묻지 않고 지나갔다. 그의 정직을 믿었기에.

그는 살면서 가장 행복했던 순간은 그때, 선생님이 자기 정직을 인정해 줄 때라고. 삶의 행복이나 가치를 정직에 둔 그가 귀해 보여서, 내 책도 보내고, 오늘 집에도 초대했다.

화제가 풍부한 동생은 어디 가서 캔 쓴나물 무쳐서 한 팩, 거기서 캔 쑥으로 만든 쑥버무리(작두콩 넣은) 금방 만들어 가지고 와서 하는 말. "사람과 관계하려면 나를 버려야겠대…"

동생 친구 양자 님은 대나무처럼 반듯한 자세로 흐트러짐 없이 자세도 정직 그대로다. 4남매나 둔 70대 초반의 그가 입은 흰 셔츠가 유난히 정갈해서 흰색 좋아하느냐고 하니,

'흰색은 비어 있는 색이라 좋아한다.'고.

정직으로 마음 비우는 깨끗한 소녀, 오늘 우리 집에 오셨다.

사랑하는데, 전화하지 말라고 하면 안 되지요

어제 오후, 동생들 만나고 4호선 이수 지하철역 환승로를 걷는데 하해수(96세) 님 전화다.

"성생님 보고 싶어서 전화했어요… 보고 싶으면 그때 성생님이랑 찍은 사진 봐요. 성생님 허락도 안 받고 사진 찍자고 해서…" 그때 자기가 무례했다고 몇 번이나 사과한다.

"사진이 이뻐요… 빨간 모자가 이뻐요… 히이히이히이…"

'내가 그때 왜 빨간 모자를 썼지?' 갑자기 면구스러워진다.

전화 끝내면서 96세 할머니는 분명치 않은 발음이나 단호하게 한마디 하신다. "성생님 또 보고 싶어서 전화하면 받아줘요. 사랑하는데, 전화하지 말라고 하면 안 되지요."

전화가 끝나고도 오래 여운이 남는 이 말, 다음에 전화하면 꼭 받아주라고 다짐하면서, '사랑하는데, 전화하지 말라고 하면 안 되지요.' 사랑하면 상대에게 당당하게 요구한다.

하나님도 우리를 사랑하시니까, 자녀니까— 우리에게 이웃을 섬기고 사랑하라고 강력하게 권면하신다.

죽은 해바라기 꽃이 말하고 있다

몇 년 전, "박 선생님 꽃밭"에 들렀을 때 보니,

해바라기 화분이 집 안에 있다. 사람들은 만개한 해바라기를 좋아하지, 시들어가는 해바라기는 찾지 않아서 집 안으로 들여놓았다고. 내가 해바라기 꽃 중심인 거무스레한 부분을 유심히 보고 있으니, 박 선생님이 "선생님 이 해바라기 아직 볼만 해요. 갖다가 두고 보실래요?" 망설이다가 자그마한 화분 3개 들고 와서 베란다에 두고 보다가, 시들어서, 말린다. 얼마 뒤, 말린 해바라기를 본다.

검은 해바라기는 사자(死者)의 눈 같다. 꽃보다 무겁고 장중한 미가 있다. 해바라기는 활짝 피었을 때보다 시들어 죽어서 더 말을 하는 것 같다. 고흐가 즐겨 그린 해바라기도 많은 말을 하고. 죽은 해바라기 꽃은 우주의 종말을 말하고 있는 듯… 이 땅 사람들에게 반드시 죽음, 종말이 온다―

"있을 때 잘 해" 유행가 가사처럼 죽은 해바라기 꽃은 내게 강력하게 말하는 것 같다.

'살아 있을 때 구원해, 죽으면 구원할 수 없으니까.'

당신은 주저앉는 법이 없어요

"사람들은 무슨 일을 하다가 잘 안 되고 지치고 곤경에 처하면 '에라 모르겠다!' 그만두자 하고 주저앉아 버리는데, 당신은 주저앉는 법이 없어요… 사람들은 한동안 주저앉아서 안 일어나지요. 그런데 당신은 곧 일어나서 다시 해요. 그것도 기쁨으로 설렘으로. 당신 생명은 늘 희망, 소망을 갖고 살아요. 연구 과제라니까요."

가을무, 2만 원어치 사다 작은 김장했다(2020년)는 내 얘기 듣고 하는 친구의 말. 내 대답은, "무슨 일 하다가 안 되어도 체념이나 포기 안 해요. 일이 잘 안 되어도 오래 낙담도 안 되고, 넘어져도 얼른 털고 일어나요. '에라 모르겠다!' 하는 체념은 거의 없어요."

'희망이, 소망이 날 꽉 붙잡고 있으니까.'

어떤 곤경에서도 피할 길 주시고, 어떤 손해나 환란에서도 다시 살 길 주신다는 소망. 죽어도 부활해서 영원히 산다는— 내 소망 줄 꽉 붙잡고 있는 하나님 아버지가 있으니까.

체념이나 포기는 아버지 없는 고아에게나 있는 것.

2부

딸기 원피스와 체리 원피스

세상에 묻혀 있는 선한 친구들

서초구 우면동에 사는 동생 친구(73세)가 내 책(47집)을 보고 이런 독후감을 보냈다. "작가님! 하이얀 꽃들의 미소 속에 덩그랗게 지어진 원두막의 평온한 쉼~ 마치 작가님의 자유로운 영혼을 바라보는 듯, 합니다.

타이틀(앞표지)의 하이얀 글— '마음에 옷 입히지 않은, 수식어가 전혀 없는 당신 글은 저를 무한정 편안하게 합니다.'

작가님의 성결한 영혼을 들여다보는 듯합니다.

잊지 않고 기억해 주셔서 감사합니다. 큰 도움을 드리지는 못하나 매일 아침 작가님에게 영감을 7배나 더 하셔서 많은 영혼들을 주께로 인도해 주시라고 간구합니다…."

그 사람이 쓴 독후감은 그의 영혼이요 작품이다.

양자 님의 독후감을 읽고 양자 님이 만나고 싶었다.

그를 만나러 우면동 그의 집으로 갔다.

이렇게 해서 나는 새 친구를 얻게 되고….

세상은 넓고 그 세상 속에 묻혀 있는 선한 친구들은 많다. 아주 많다.

인생 정리 차원에서 하는, 통장 정리

그냥 바라만 보고 있어도 즐거워지면서 감미롭게 떨리는 그런 옷이 내게 있다. 40대 후반인가, 시인 친구와 양장점 앞을 지나다 마네킹에 걸려 있는 잔잔하게 화려한 원피스를 보았다. '아, 저 옷!' 우리는 양장점 안으로 들어갔다.

비싸지도 싸지도 않은 옷. 어느 색감의 천재가 도안한 잔잔하게 커다란 꽃무늬 옷감에, 어느 명인 디자이너가 나를 위해서 특별히 만든 원피스! 너무 거창한 표현인가.

보들보들한 면 원피스, 어깨엔 봉이 들어 있고, 가는 허리, 치마는 길고 풍성한 2단 주름으로 은은하게 화사한 원피스다. 이 옷 입고 그 당시 서울 워커힐 호텔에서 열린 "세계 펜클럽 대회"에 가서 한 유명 소설가(남자)로부터 춤추자는 제의도 받았으나 촌스럽게 거절하고.

그 옷 입고 오늘 나는 양자 님 만나러 간다. 마침 이 옷 입을 때라서(주름 한 단 떼어내고 보통 외출복으로 고쳐서).

오늘은 특별히 양재천 산책로에 핀 넝쿨장미 보러 가기

에, 장미 정원에 초대된 설렌 가슴으로 간다. 3, 40년 묵혀 둔 이, 바라만 봐도 즐거워지면서 감미로운 원피스 입고… 이 무슨 내 나이에 어울리지 않는 감정의 호사냐고요?

아무리 늙은 여자라도 옷에 대한 감정은 살아 있다.

그 감정도 한 번씩 호사를 시켜 줘야 다소곳해진다.

새로 돈 들이지 않고 있는 옷 잘 손봐서 입는 건,

사치가 아니라 일종의 절약이다.

내가 요즘 인생 정리 차원에서 옷장 정리하면서, 오래된 옷들을 꺼내서 고쳐 입고 다니기도 한다. 다니면서 문득 이런 생각이 든다. 인생 정리 차원에서 옷장만 정리할 게 아니라 통장 정리도 해야지… 오래된 옷은 손봐서 입지만 통장의 돈은, 지금, 당장, 즉시 꺼내서 쓸 수가 있다.

이 돈이 지금 당장 필요한 사람 — 이 돈이 없어서 숨넘어가는 사람에게 드려, 그를 숨 쉬게 살게 한다면— 그러면, 하나님이 가장 기뻐하시겠지. 하나님을 가장 사랑한다면 하나님이 가장 기뻐하는 일을 해 드려야 하지 않나?

통장의 돈 '노후자금'이라, 안 된다고요? 사람들은 노후를 전적으로 내가 책임지려고 한다. 나를 만드신 하나님께 맡기면서 사는 게 지혜롭지 않을까.

"가난한 자를 불쌍히 여기는 것은 여호와(하나님)께 꾸어 드리는 것이니 그의 선행을 갚아 주시리라"(잠언 19:17)

그 미소를 믿고 가다

3, 40년 전, 은은하게 화사한 꽃밭 같은 원피스를 입고 워커힐 호텔(세계 펜대회)에 간 뒤, 꼭 한 번 숙부님 팔순에 대학생이던 두 아들 데리고 갔는데, 숙부님이 애들 앞에서 "늬 어머니 이쁘지야." 면구스러워서(난 결코 예쁜 여자 아님, 그날 옷이 예뻤지.) 그 뒤 이 옷 입고 어디 나다닐 옷 아니구나 하고 안 입었다.

그렇게 한 3, 40년 지나, 이제 80 넘어서, 내 인생 정리해야 할 때. 옷장 정리하면서 그 옷 꺼내서 보니, 이런 아름다운 옷을 버리기도 아깝고 많이 입어줘야겠다 하고 고치기 시작. 어깨 봉을 빼고 2단 주름치마의 한 단을 없애고 나니, 위에다 재킷만 걸치면 평상 외출복이 된다.

이 고친 옷 입고 오늘 양재천 넝쿨장미 보러 간다.

양자 님은 경건한 여인이라 내 화사한 원피스가 조심스러웠는데, 가끔 그의 경건한 얼굴에 아기 같은 미소가 신기루처럼 지나가기에, 그 미소 믿고 갔다. 내 예감대로,

그는 내 화사함에, 화사한 체리 원피스로 답했다.

딸기 원피스와 체리 원피스

그날, 내가 양자 님에게 드린 꽃다발을 안고서 그는 말한다. "…몇 십 년 만에 받아보는 꽃다발이네…"

그는 꽃을 물에 담가놓고 안방으로 들어가더니, 입고 있던 녹두색 점퍼를 벗고 젊은 아가씨 같은 원피스 차림으로 나온다. 검은 바탕에 동그랗게 빨간 딸기 송이들이 가득한 풍신하면서도 산뜻한 반팔 원피스.

나는 그의 돌변한 신선함에 놀란다.

"와아 딸기 원피스!" 그의 딸기 원피스가 거실 분위기를 얼마나 신선하게 바꾸는지!… 순간의 재치로 장소와 여인의 분위기가 확 살아나면서 아름다워진다.

점심 후, 그가 내놓은 체리와 토마토.

나는 또 체리색에 반해서, 그 눈으로 친구의 원피스를 보니, 딸기 송이들이 모두 체리로 보인다.

'그대는 아름다운 체리 원피스!'

사람을 만난다는 기쁨

양자 님은 마중 나온 버스 정류장에서 나를 보자 내심 놀라는 눈치다. 나중에 들어보니, '며칠 전 우리 집에 와서 나를 보았을 때와, 자기를 만나러 온 오늘의 내가 아주 달라 보였다'고. 나는 사람을 만나러 갈 때, 딴 사람이 되는가.

미지의 친구 집을 방문한다 — 내가 지금 만나러 가는 사람은 어떤 집에서 어떻게 살까?… 호기심으로 차 있는 내게 친구는 말한다. "작가님이 이 나이에 이만큼 건강한 건, 사람 만나는 기쁨이 있고 즐거움이 있기 때문이에요."

"…그래요?"

내가 색에 민감하다고 하니 또 설명해준다.

"내가 몸이 불편할 때는 꽃들도 잘 안 들어와요. 색이 안 보여요. 작가님이 색에 민감한 것은 그만큼 영혼육이 맑고 건강해서 다 느끼는 거예요. 몸이 어디 안 좋으면, 색이 흐릿하게 잘 보이지도 않아요.

흰 도화지라야 색이 선명하게 보이지요."

그는 내가 모르고 있던 나 자신을 가르쳐준다.

사람은, 사랑을 살아가는 존재

그날, 화사하게 성장하고 양자 님 만나러 가는데,

내 심장이 뛰는 소리가 귀에 들리는 듯… '나는 지금 새로운 사람에 대한 신비로움으로 가슴이 떨리고 있구나…

오늘 입은 원피스의 우아한 화사함 때문이기도 하고…'

떨리는 가슴으로 손에 들고 가는 장미 꽃다발을 무심히 본다. 내 가슴 뜨거움에 비하면 꽃들은 시들하고 조용하다.

사람 만나러 가면, 내 마음이 이렇게 새롭게 되는데, 새롭게 되려면 앞으로 좋아하는 사람들 많이 만나러 다녀야겠구나. 걸어 다닐 수 있을 때 많이 만나러 다녀야지,

한 주일에 한 사람만 만나면 1년이면 50인. 그들을 만나면서, 그 동안은 연푸른 연정으로 살 수가 있겠구나.

그리고 한 주일에 한 사람만 집으로 오시게 하면,

또 1년에 50인을 더 만나게 되고… 이렇게 일 년을 사람 만나면서 살면 1년이 봄날같이 지나가겠구나.

사람은 삶이고 사랑.

그래서 사람은 '사랑을 살아가는 존재'라고 하지 않은가.

꽃 선생님에게 보이고 싶어서

아이들은 설날 고운 옷 입으면 누군가에게 자랑하고 싶어진다. 어린애 같이 유치한 나는 오랜만에, 아름다운 원피스 입고 어디다 자랑하고 싶어진다.

'나를 아름답게 보아주는 꽃 선생님에게 가야지.'

그러나 전날이 스승의 날인데 휴일이어서, 그날, 선생님네 꽃집은 몹시 바쁘다. 옷 자랑도 못하고 작은 꽃다발만 사들고 오다가 나는 걸음을 멈추었다.

지하철역으로 가는 우리 아파트 담 밑에 1미터나 되게 훌쩍 자란 6, 7그루의 지칭개들이 가지 쳐서, 연보라색 꽃들이 만발!… 누가 키우고 누가 만든 꽃밭이 아닌데, 이렇게 길가 담 밑에서 아름답다니… 나는 사람이 키우고 만든 꽃다발을 들고 한참이나 그 자리에 서 있었다.

사람이 만든 꽃다발은 잠잠하고… 그 순간 지칭개 꽃들만 살아서 나를 붙잡는다. 신비로운 보라색… 나는 이 살아 있는 지칭개 꽃밭을 두고 보려고 사진 찍고… 사진으로 보니,

지금 내 눈 앞에서 본 꽃들만 훨씬 못하다. 사람이 만들어 낸 아름다운 것들은 하나님이 만드신 것, 모방에 불과하다.

감성이 풍부한 신설동 친구 말이 생각난다.

"사람이 가꾼 꽃밭에서 자란 꽃은,

들에서 자란 꽃보다 훨씬 향기도 적고 일찍 시들어요."

나도 들판에서 자라는 들꽃처럼(하나님의 직접 기르시는) 하나님이 직접 기르시는 어린아이이고 싶다.

'하나님이 직접 기르시는' 이런 찬송가 구절이 있다.

"주는 나를 기르시는 목자요 / 나는 주님의 귀한 어린 양
푸른 풀밭 맑은 시냇물 가로 / 나를 늘 인도하여 주신다"

예수님의 죽으심으로 하나님과 나 사이를 가로막는 휘장이 찢어졌기에(마태복음 27:50, 51), 이제 나는 하나님 앞에 직접 나가서 아버지라고 부를 수 있게 되었다.

이제 하나님은 그의 자녀된 나를 직접 기르고 가르치신다. 예수님 말씀과 성령님을 통해서.

지칭개 꽃밭 바라보다가

서초구 '우면동 주공 아파트 버스 정류소'에 내리니 양자님이 나와 있다. 그는 일찍 나와서 기다리다가. 저쪽 나무 있는 쪽으로 산책도 하다 왔다고.

내가 초행길이라 11시 반부터 12시 사이에 도착한다고 했더니, 그는 미리 11시 반 되기 전부터 기다린 것 같다.

내가 지칭개 꽃밭 보면서 해찰도 하고, 11시 45분쯤 도착했으니 그는 몇 십 분 기다린 것. 경건한 친구가 오늘 내 단장한 모습 보고 놀랄까 봐, 나는 이 말부터 먼저 한다.

"내가 꼭 연인 만나러 오는 아가씨같이 차리고 왔지요. 내가 이렇게 철부지예요."

"철부지는 천국이지요."

"예? 철부지가 천국? 이런 말은 안 들어봤는데요."

"어린이는 철부지, 맑고 깨끗해서 천국이지요."

그는 철부지도 아닌 것 같은데, 철부지의 속성을 알고 있다. 결혼 안 한 사도 바울이 부부에 대해서 말씀하듯이,

그는 인생에 대해서도 선험적으로 알고 있나?

공동묘지 앞을 지나가다가

10세 때 공동묘지에서 내 친구, 양자 님이 만난 주님.

그는 12남매 속에서 자랐다.

초등학생 때 가끔 오빠들 따라서 공동묘지를 지나갔다.

무덤 10개 중, 하나는 십자가가 서 있고, 십자가 서 있는 무덤 비문(碑文)에는 이런 성경 구절이 써 있었다.

"예수께서 이르시되 나는 부활이요 생명이니 나를 믿는 자는 죽어도 살겠고 무릇 살아서 나를 믿는 자는 영원히 죽지 아니하리니 이것을 네가 믿느냐"(요한복음 11:25~26)

그걸 본 친구는 '아 사람은 다 죽는구나.

그런데 십자가가 있는 죽음은 죽어도 영원히 살 수 있구나. 나도 하나님 믿고 영원히 살아야지.'

그 뒤, 그는 혼자 교회로 찾아가 예수님 믿게 되었다고… 10살 나이에도 사람에겐 육체와 영혼이 있고, 그걸 주관하시는 창조주 하나님이 있다는 게 어렴풋이나마 그는 깨달아진 것일까.

나는 무엇에든 집착하지 않아요

양자 님은 무엇에든, 사람에게도 집착하지 않는다고 말한다. 이 말을 내가 받는다. "나는 사람에게 집착이 많은가봐요. 그리고 밤에도 혼자 있으면 무섭거든요."

"나는 밤에 혼자 있어도 안 무서워요."

나는 더 말을 잇지 못한다. '…나는 왜 그렇게 사람을 좋아할까? 이것도 집착인가?…' 사람 좋아하는 것과 사람에게 집착하는 것과는 어떻게 다른가… 친구는 남편이 집 떠나 멀리 계시지만 혼자 있어도 무섭지 않다고.

생각하면 전능하신 하나님이 내 아버지인데 뭐가 무섭단 말인가. 무섭다는 건 내 믿음 부족이다.

양자 님이 추구하는 건 자유함.

무엇에도 집착하지 않음은 자유하려고. 온전한 자유함은 진리이신 예수님 안에만 있다. "진리를 알지니 진리가 너희를 자유롭게 하리라"(요한복음 8:32)

"진리(眞理)는 —

생명(예수님)이 사망을 이긴다."는 말씀이라고 한다.

다른 사람의 관심과 인정을 구걸해서야 1

헨리 나우웬이라는 하버드대 유명한 교수에게 무명의 캐나다 할머니가 한 말씀이다.

"당신은 평생 친구를 찾더군요. 서로 낯을 익힌 뒤부터 줄곧 지켜봤는데, 당신은 사랑에 목마른 눈치가 역력하였습니다. 일이라고 하면 이것저것 가리지 않고 죄다 관심을 보였습니다. 그러고는 사방팔방 관심과 인정과 지지를 구걸하고 있었습니다

이제 자신만의 진짜 소명을 추구할 때가 되었습니다.

아무것도 묻지 않고 어떤 대가도 바라지 않으며, 집으로 돌아온 탕자 아들을 용서하며 반갑게 맞아주는 아버지가 되라는 것입니다.

여기 데이브레이크(정신지체장애자 공동체) 식구들은 물론 주변의 사람들 대다수는 당신에게 좋은 친구를 기대하지 않습니다. 다만 모든 것을 받아주는 아버지,

참다운 동정의 권위자가 되기를 바랄 뿐입니다."

이 할머니는 캐나다 데이브레이크 공동체에서 정신지체 장애자를 돌보는 분이었다. 그의 조언을 듣고 헨리 나우웬은 '벼락을 맞은 듯 정신이 번쩍 들었다'고 한다.

그 뒤 헨리 나우웬은 모든 걸 내려놓고 그 공동체로 들어가서, 온 몸을 다 해, 정신지체장애자들을 섬기다가 어느 날 찾아온 심장마비로 행복하게 죽어 하나님 앞으로 갔다고 한다.

긍휼지심으로 장애자를 돌보는 그 할머니 삶에 하나님은 영감을 주셨다. 그 무명의 할머니는 헨리 나우웬이라는 당대의 최고 지성을 깨워, 그의 삶을 완전히 바꾸는 지혜와 능력 있는 영감의 말씀을 한 것이다.

우리가 남을, 이웃을 불쌍히 여길 때,
하나님은 우리에게 영감을 내려주신다고 한다.

'기도 시간에 복을 주시네'
우리가 이웃을 불쌍히 여길 때도 복과 영감을 주신다.

다른 사람의 관심과 인정을 구걸해서야 2

"…내가 부모라면, 나를 통해서 한 생명을 낳은 아버지 엄마라면, 다른 사람의 관심, 인정, 지지를 구걸해서는 안 됩니다."

어느 목사님의 이런 말씀이 자녀를 둔 어머니인 내 속으로 아프게 깊이 파고든다. 부모라면 체통을 지켜야지—

생명의 어미인 내가 누군가의 관심과 인정, 지지를 구걸하는 건 아닌가? 작가로서 내 글에 대한 사람들의 관심과 인정을 구걸하고 있지 않은가… 부끄러워해야 한다.

내 자녀 앞에서 가장 부끄러운 행위는— 엄마인 내가 남의 환심이나 인정(認定)을 구걸하는 행위라고 생각한다.

'내가 부모라면, 나를 통해서 한 생명을 낳은 아버지 엄마라면, 다른 사람의 관심, 인정, 지지를 구걸해서는 안 됩니다.' 이 말씀은 내게 하시는 경고 말씀이다.

'한 생명의 엄마라는 신성함'을

더럽히지 말라는.

가장 낮은 자가 가장 위대하다

세계 3대 천재는 뉴턴, 아인슈타인, 스베덴보리라고 한다.

그 중에서 잘 알려지지 않은 스웨덴 사람, 스베덴보리가 한 말을 어느 목사님에게서 들었다.

"천국에서는 가장 낮은 사람이 가장 위대합니다.

스스로가 아니라, 스스로의 능력, 이런 것이 아니라 오직 주님으로부터만 능력과 지혜를 받고 또 받기 원하는 사람을 가장 낮은 사람이라고 하기 때문에, 가장 낮은 사람이 가장 행복한 사람입니다. 그리고 이 가장 행복한 사람이 가장 위대한 사람입니다."

천국은 내 마음 안에도 있으니, 내 마음이 가장 낮은 데로 임해서 살면, 이 땅에서도 내가 가장 행복하고,

그런 내가 가장 위대한 사람이라는 말씀도 된다.

사람 마음 깊은 골짜기에는 무엇이 있을까?

손자가 군대 갔다 와서 할머니인 내게 전화했다.

제대해서 처음 아니고 두 번짼가. 교회에서 유아세례 받았기에, 입교한다고 전화한다.

나는 그날 손자에게 이런 말이 저절로 술술 나왔다.

나도 전혀 예상하지 못했기에 말하면서 나도 놀란다.

"…할머니 마음 골짜기, 골짜기, 더 골짜기 더 안쪽 깊은 곳에는 무엇이 있을까?" "……"

"네가 있지… 왜냐고 하면, 할머니는 네가 가장 연약해 보여서 그래…"

언젠가 기도하는 친구가 내게 말했다.

"작가님 영혼의 DNA는 아들을 건너뛰어 손자에게로 갔어요." "어머나 그걸 어떻게 아셨어요… 나도 어렴풋이 느끼고 있던 것을 확인시켜 주시네요."

"기도하다가 그런 생각이 들었어요."

"맞아요, 내 영혼을 가장 많이 닮은 건 아들들보다 손자

예요. 그걸 알아내시다니, 내 무의식에서 어렴풋한 건데 그걸 어떻게 당신이 잡아내시지…"

"기도하다가 주신 깨달음이어요. 제가 뭐 알아요."

나는 손자와의 전화를 끊고 생각했다. 손자에게 지금 한 내 말은 정직했나? 그렇다고 생각한다. 내 마음 깊은 골짜기에는 내 자녀보다 더 약자, 힘없는 자가 있으니까.

손자에게서 전화를 이어 받은 아들에게 나는 변명한다. 변명보다 설명이 정확하다. "너는 엄마 보기에, 네 아들보다 더 힘이 있어 보이니까… 엄마 마음은 언제나 가장 약자에게 많이 가고 있다… 네가 가장 약할 땐 네가 엄마 마음 가장 깊은 골짜기에 들어와 있어."

언젠가는 며느리들이 가장 약해 보일 때가 있다.

그럴 땐 며느리들이 내 맘 가장 깊은 곳에 들어와 있고… 어느 땐 친구가, 어떤 땐 독자가 내 마음 깊숙한 곳을 차지할 때도 있다.

그렇다면 하나님 마음 깊은 골짜기엔 누가 들어가 있을까?… 가장 유약하고 비천하고 못나고 어린 소자(小子),

가장 낮은 자가 들어가 있지 않을까.

내 마음 가장 깊은 중심엔 예수님이 좌정해 계신다.

아홉 덩이 호박을 버리면서

산속 높은 곳에 있는 친구네 밭에서 딴 호박 한 덩이를 메고 내려와서 집에까지 왔다. 그 뒤 허리가 불편했다.

그 호박을 다용도실에다 두고 한 번씩 오지게 바라봤다.

그런데 몇 달이 지난 얼마 전, 다용도실에 들어갔다 나온 남편의 말. "저 호박이 좀 이상하네. 가 보소."

가서 보니, 호박 한 쪽이 찌그러져 있고, 만져보니 흐물흐물하다. 세상에 이럴 수가… 그렇게 나무 많고 공기 좋은 곳에서 자란 호박이 썩다니, 그걸 버리면서 동생이 생각난다. 작년 겨울인가, 동생 집에 갔을 때다.

"언니, 시누이가 농사지어 준 호박 아홉 덩이가 다 썩었어." "그래, 그래서 어쨌냐?"

"아들 오라고 해서, 차에 싣고 가서(시누이 밭) 버렸어."

"왜 아파트 음식쓰레기통에다 안 버리고." "한 개 잘라보니까 벌레가 쏟아져서… 밭에까지 싣고 가서 버렸다고. 시누이한테 호박 썩었다는 말 않고. 준 것도 고마운데, 그런 말 뭐 하러 해 속상하게." 속 깊고 지혜스런 동생 말이다.

레시피(요리법)가 가득한 거실

정월 대보름에 한 친구랑 함께 이웃 아파트에 오곡밥 보름나물 먹으러 갔다. 내 친구의 친구 집으로 12시쯤 가서 점심상을 받는데, 이렇게 정성들인 보름 밥상은 처음이다.

나물이 아홉 가지, 찰밥도 아홉 가지 곡식 넣고….

시금치나물이 이렇게 맛있을 수가. 굴 넣은 초무침 톳 나물도 별미. 시장에서 굴 살 때, 여주인이 한 얘기가 재미있다.

"굴 만 원어치는 안 판다고 해서, 그래도 몇 개만 팔라고 막 졸랐더니 주더라고요."

아홉 가지 나물도 하나, 하나 다 맛있어서 오랜만에 다양하게 맛본 보름나물이다.

그 댁 거실에 보이는 종이 박스가 다 레시피(요리법)라고 친구가 내게 말해 주자, 여주인이 받는다.

"레시피대로 하면 맛없어요.

그걸 참조해서 내가 새로 만들어야 해요."

오늘 음식 맛 비결이 여기에 있구나.

음식도 창의적으로 만들어야, 새 맛이 난다.

파랑새 작가님

82년 살면서 처음으로 구름에게 안녕! 하고, 새처럼 파르르 날아서 친구들 만나러 간 날. 점심 후 대화 중, 한 친구가 "이번에 선교 여행 가서 파랑새를 보았어요." 해서,

파랑새를 한 번도 본 적이 없는 나는, 그 친구를 신비스럽게 바라본다.

오후에 헤어져 오는 도중인데, 파랑새 얘기한 친구가 내게 보낸 문자 편지다.

"오늘 파랑새 작가님 만나서 보리굴비도 맛나게 먹고
너무너무 행복하고 좋은 시간였(이었)어요. 감사합니다…."

꾸밈없는 그의 글이 한동안 내 마음을 적신다.

나도 그에게 답문 보낸다.

"파랑새 작가님이라고요? …만나서 말씀 들을 때마다 제가 더 맑고 깊은 물이 돼야 한다고 각성됩니다. '파랑새 작가님' 지금까지 들어보지 못한 새로운 호칭입니다.

당신은 작가도 깜짝 놀라게 하는 구별된
'신선한 언어'를 쓰십니다."

오늘 잃어버린 재킷 못 찾아도 좋아요

지하철 4호선 인덕원역 역무원 두 분께 드린다.

5월 21일 12시 45분쯤, 오이도행 지하철로 친구 만나러, 인덕원역에 도착. 내리면서 노인석에 잠깐 벗어놓은 검은 재킷을 깜박 잊고 하차.

당황해서 역무원실 찾아가 신고했더니,

두 직원이 내 일처럼 신속히 처리해 줘서 중앙역(4호선)에서 다시 찾았다. 특히 젊고 앳된 남자 직원의 부드럽고 온화한 표정이 나를 크게 위로했다.

아끼는 오래된 검은 재킷 잃어버리고 막 당황하는 나를 얼마나 따뜻하게 안심시키면서, 고객 일을 내 일처럼 신속 정확하게 처리해 주시던지… 앳된 청년 역무원에게 너무 감동해서 나는 이런 말이 저절로 나왔다.

"젊은 선생님, 오늘 재킷 못 찾아도 좋아요—

재킷 잃어도 좋아요 —

오늘, 당신같이 아름다운 청년 한 사람을 만났으니까요."

사람을 알아보는 방법 두 가지

사람을 알아보는 방법이 여러 가지라고 한다.

첫째, 그 사람의 돈 쓰는 곳을 보면 알 수 있다 하고,

그 사람이 가난하고 약한 자를 대하는 태도를 보면 알 수 있다고. 나는 그 사람의 말투와 눈길에서 그 사람 인격을 느끼기도 한다. 여기서는 내가 들은, 사람 알아보는 다른 방법 두 가지를 말하려고 한다.

1. 그 사람이 심각한 병에 걸렸을 때, 어떻게 반응하는가?

2. 다른 사람들의 평가에 어떻게 반응하는가?

이걸 보면, 그 사람 신앙 상태와 나아가서 삶의 결과를 명확하게 볼 수 있다고 한다.

내 경우를 들어 첫 번째(심각한 병에 걸렸을 때 반응) 사람 알아보는 방법에 대해 얘기해 본다.

내가 기침을 심하게 해서 친구와 같이 병원에 갔을 때, 의사(여)는 결핵이 심각하다면서 "배운 사람이 이렇게 되도

록 뭐 했느냐!"고 야단칠 때, 나는 우주의 평온을 느꼈다.

'이제 누가 나를 괴롭히지 않겠지. 나를 가만히 놔두겠지…'

나를 가만히 놔둬서 누리는 평온을 얼마나 갈망했는지… 그만큼 나는 주위 사람들에게 시달리면서 살고 있었다.

거절을 잘 못하면서. 참고 당하면서 산다고 할까?… 그 날 병원에 동행한 친구는 내게 말한다.

"기일혜 씨, 나 때문에 병이 났어. 당신은 순한 사람인데, 나한테 휘둘려 가지고…"

그때 나는 내 심각한 병보다, 저렇게 말할 수 있는 친구의 정직과 용기를 부러워하고 있었다.

내 경우를 들어 두 번째 사람 알아보는 방법(다른 사람들의 평가에 대한 반응)에 대해서 얘기해 본다.

내가 소설가로 등단해서 얼마 안 돼 소설 한 편을《현대문학》에 발표했다. 그 뒤 만난 가까운 소설가 친구 첫마디가

"기일혜 씨 이번 소설 형편없던데…"

나는 순간 의식이 마비되었는지 아무런 말도 못 하고 말았다. 그 순간에도 내 소설이 형편없다는 생각은 전혀 안 했고, 그 소설가 친구의 나에 대한 '잔인한 무례함'이 내 의식을 마비시켰던 것… 그래서 어지간한 병이라야 살고 싶다는 생각도 나고, 어지간한 혹평에라야 자존심이 상하지, 극한 상황이 되면 나는 순간, 의식 마비로 가 버린다.

그래서 나는 살려는 본능적인 자구책으로,

만나는 사람 밑으로 얼른 내려가 섬겨 버리고,

어떤 혹평이나 잔인한 무례함에는 의식을 마비시키면서까지, 살려고 그 사람과 평화한다.

그래서 내 가난은 내 평안이고,

내가 대접받기보다 남을 대접하고 섬기는 게,

내 평안이다.

그러나 죄성 많은 인간이라, 안 될 때가 많다.

예수님 가르침대로 살려고 애쓸 뿐이다.

사람이 가진 최고의 재능

어느 분이 말씀하신다. 사람이 가진 최고의 재능은?

1. 정직한 성품

2. 넓고 깊은 마음

3. 남을 불쌍히 여기는 마음

4. 불의와 타협하지 않는 마음

예수님의 사랑과 공의가 다 들어간 마음이다.

그런 마음이 최고의 재능이라고 한다.

"정직한 성품"은 정죽 님,

우면동 양자 님을 떠오르게 하고.

"넓고 깊은 마음"은 '좋은 언니'를 떠오르게 하고.

"남을 불쌍히 여기는 마음"은 동생 남편인 제부를, 영암 조 선생님도 떠오르게 한다.

"불의와 타협하지 않는 마음"도

조 선생님을 생각나게 하고.

조개껍질 같은 글도 진주라고 하면

언제나 내 책을 주문해서 읽으시고 소감을 말씀하시는 유(재선 70대 초) 선생님.

그는 "깨끗한 서예가" "깨끗한 장로님"

그의 모든 직함 앞에는 '깨끗한' 이 들어가야 한다.

이번에 하신 그의 말씀을 그대로 옮긴다.

"작품집(기일혜 수필집) 받을 때마다, 좋은 선물 받습니다… 떠먹을수록 맛있어요." "…더 맛있는 글을 써야겠네요."

"어떻게 더 맛있어요?"

"그 중에서도 특별히 맛있는 글이 있다면?… 말씀해 주시면, 그것도 작가에겐 참고가 돼요."

"진주 중에서 진주를 고르라면 어떻게 골라요."

작가를 예우하시는 말씀도 극상품.

조개껍질 같은 글도 진주라고 하면

어느 먼 훗날엔 진주가 되지 않을까?

독후감은 일종의 서간체 문학이다

문학의 장르(문예 양식의 갈래)에 서간체 문학이 있다.

대표적으로 도스토옙스키의 『가난한 사람들』은 두 남녀의 편지 형식으로 된 소설이다.

이번 책에는 내 독자의 독후감 얘기가 많고, 독자와 작가가 문자로 주고받은 편지 형식의 글이 많은데, 그것도 나와 독자의 영혼을 드러내는 하나의 짧은 작품이라고 생각한다.

그런데, 독후감이 과찬 일색이라고? 따끔한 조언도 있다.

— 글이 간결하니 맛탕구(맛)가 없다.

— 글이 짧아서 아쉽다. 재미 붙이고 읽으려고 하면, 끝나버린다."

(글이 짧은 건 독자들의 몫, 독자들이 생각할 몫.)

미국 어느 유명 대학 통계인데, 문학 작품을 긍정적으로 보는 그룹에서 많은 작가를 배출했다. 부정적인 그룹에선 한 사람도 나오지 않았다고 기억한다. 사람은 악평에서보다 호평에서 많이 자란다고 볼 수도 있다.

장대 할아버지의 빠이빠이(bye-bye)

요양보호사인 지방의 한 독자가 내게 한 전화 내용이다.

내 말로 요약한다.

"간병하는 할아버지(84세)와 같이 복지관에 갔어요.

임대 아파트 알아보려고. 지금 할아버지는 반지하에 사셔서, 좀 나은 곳으로 옮기시려고요. 연세가 많으시니까 조금만 기다리면 될 거 같아요… 오늘 복지관에 임대아파트 알아보러 갔다가, 집으로 가실 때, 할아버지 버스 태워서 출발하는 것 보고 가려고 서 있었지요.

차가 떠날 때, 자리에 앉아 있던 할아버지가 손을 흔들면서 나한테 빠이빠이 해요. 나는 인사(고개 숙인) 하려고 했는데… 할아버지가 손을 흔들어서 나도 손을 흔들었지요.

할아버지 보내고 오면서, 내가 '남편한테도 안 한 빠이빠이를 할아버지한테 하네.' 하면서 웃었네요… 이거 말하려고 전화했어요."

"그랬어요. 고마워라.

그 노인이 혼자 사신 지 30년이라고 했지요.

그동안 많이 외로우셨는데, 당신이 하나님 사랑으로 잘 섬겨드리니, 감동해서 손을 흔들었나 봐요. 84세 노인이 아무에게나 손 흔들겠어요. 고맙고 정다운 사람에게나 흔들지.

그가 처음으로 당신에게서 따뜻한 사람대접 받아서 당신에게 손을 흔든 거네요. 어린 아이 같이.

장대(생선) 좋아하는 '장대 할아버지의 빠이빠이'

굳 뉴스네요."

요즘 나는, 오전 일을 끝내고 오후엔 쉬는 그와 가끔 통화한다. 오늘은 장대 할아버지의 빠이빠이를 얘기하면서 흠뻑 웃는다.

나와 얘기하는 것이 행복하다고 하는 그와 얘기하면 나도 즐겁고 행복하다, 서로 대화가 된다는 것은,

세상 그 무엇보다 즐겁고 복된 일이다.

다시 생각하는 팔복(八福)의 말씀

인터넷에서 들은 어느 목사님의 설교 말씀이다.

마태복음 5장에 있는 팔복(八福)의 말씀을 다시 생각하게 한다.

그러나 어렵다.

1. 심령이 가난한 자는 복이 있나니 천국이 그들의 것임이요

(목사님: 속이 없는 사람은 복이 있나니 천국이 그들의 것임이요)

2. 애통하는 자는 복이 있나니 그들이 위로를 받을 것임이요

(목사님: 후회밖에 남은 것이 없는 자는 복이 있나니 그들이 위로를 받을 것임이요)

3. 온유한 자는 복이 있나니 그들이 땅을 기업으로 받을 것임이요

(목사님: 우유부단하고 게으른 자는 복이 있나니 그들이

땅을 기업으로 받을 것임이요)

4. 의에 주리고 목마른 자는 복이 있나니 그들이 배부를 것임이요

(목사님: 평생 자랑거리가 없는 자는 복이 있나니 그들이 배부를 것임이요)

5. 긍휼히 여기는 자는 복이 있나니 그들이 긍휼히 여김을 받을 것임이요

(목사님: 할 말이 없는 자는 복이 있나니 그들이 긍휼히 여김을 받을 것임이요)

6. 마음이 청결한 자는 복이 있나니 그들이 하나님을 볼 것임이요

(목사님: 생각할 줄 모르는 자는 복이 있나니 그들이 하나님을 볼 것임이요)

7. 화평하게 하는 자는 복이 있나니 그들이 하나님의 아들이라 일컬음을 받을 것임이요

(목사님: 피해를 보고 말 할 권리가 없는 사람은 복이 있나니 그들이 하나님의 아들이라 일컬음을 받을 것임이요)

8. 의를 위하여 핍박을 받은 자는 복이 있나니 천국이 그들의 것임이요

(목사님: 모두의 조롱거리가 되고 천덕꾸러기가 되는 자는 복이 있나니 천국이 그들의 것임이요)

마태복음 팔복을 그 목사님은 새롭게 말씀하신다.

어렵다. …그래도 왠지 마음이 놓이면서 편안해진다.

왜? 나도 그런 못난 삶을 살았고 살고 있기 때문이다.

어떤 삶이냐고 하면 바로 다음과 같은 삶이다.

— 우유부단하고 게으르고 평생 남 앞에 내놓을 만한 자랑거리 없이 게으르게 산 인생.

— 뭐라고 자식들 앞에서도 말 한마디 할 수 없이 부끄럽게 산 인생.

— 깊은 생각 없이 경박하게 엄벙덤벙 살아버린 인생.

— 손해나 피해당해도 당당하게 말 한마디 할 수 없이 무지 무력하게 산 인생.

그러나 세상 어떤 부모가 못난 자식 버리겠는가?

주시려는 복을 거두시겠는가?

안쓰러워서 더 품고 더 복을 주시지 않겠는가?

이제야 — 부모 된 심정으로 들으니까, 그 목사님의 말씀이 좀 이해가 되면서, 내 영적인 아버지인 하나님 아버지 마음도 좀 이해가 된다.

사랑은 서로 마주보는 게 아니다

"사랑은 서로 마주보고 있는 게 아니라 같은 곳을 보는 것이다."

생텍쥐페리의 말이라고 한다.

남편과 나는 식탁에 마주 앉지 않는다. 남편 앉은 자리에서 45도로 비껴 앉는다. 거실 TV를 보기 위함도 아니다.

거기 앉아야 주방에 가깝고 또 한 가지 이유가 있다.

언젠가 한번 마주 앉아 보니, 정면에서 본 남편은 마주하기가 왠지 거북스러웠다.

친구가 해준 이야기가 생각난다.

친구가 살던 동네 어느 처녀는 봄이 되어 나무에 물이 오르면 발작을 잘 일으켰다고. 그때 조심해야 할 것은 그의 얼굴을 빤히 쳐다보지 않는 것이라고 한다.

한번은 집 안에서 그의 오라버니와 갑자기 얼굴이 마주쳤는데 그만 발작을 심하게 일으켰다고.

내가 미국 LA에 갔을 때 그곳 주민이 가르쳐준다.

절대로 미국인 얼굴을 빤히 쳐다보지 말라고.

누가 어느 흑인을 쳐다보자, 흑인이 그를 총으로 쏴버렸다고.

그때 남편과 마주보기가 왜 불편했는지 이유는 잘 모르겠다. 너무 빤히 남편 얼굴이 정면으로 다 보이니까 뭔가 어색하고 불편하다고 할까. 남편 얼굴의 정면을 피해 비껴 앉아 옆얼굴만 보니, 정서가 편안해지면서 안정이 되었다. 사람은 자기가 쉴 편안한 마음 자리를 본능적으로 찾는다.

사람을 마주보고 있으면 그 직물감(直物感, 내 느낌의 말)이 싫다. 내가 너무 환상적이라 그럴까?

사람은 영원을 사모하기에, 어느 의미로는 환상적이다.

여러 번 인용했지만,

"가까이 있는 구체물은 혐오만 일으킨다."는

도스토옙스키의 말도 있다.

아가씨가 지나고 바람이 일고

윤동주의 시 「새로운 길」 전문이다.

> 내를 건너서 숲으로 / 고개를 넘어서 마을로 // 어제도 가고 오늘도 갈 / 나의 길 새로운 길 // 민들레가 피고 / 까치가 날고 / 아가씨가 지나고 바람이 일고 // 나의 길은 언제나 새로운 길 / 오늘도… 내일도… // 내를 건너서 숲으로 / 고개를 넘어서 마을로

"우리 말, 우리 강산에 대한 애정. 외래어가 한 자도 들어가지 않고 순수한 우리말로 지은 시, 「새로운 길」이 이렇게 아름답다." 최영미 시인의 글이다.

윤동주 시인의 「새로운 길」을 읽으면서 '나의 새로운 길'을 생각한다… 이번 5월 26일 오후 1시 까치울 생태 공원에서 세 친구가 긴 치마 입고 만나기로 한다.

벌써부터 매원 님은 가슴이 설렌다고 하고, 수정 님은 치

마가 많으니 매원 님 하나 준다고 했다나… 나는 내게 가장 어울리는 아름다운 그 원피스 입고 가고.

그날, 아름다운 옷 입고 반가운 친구들 만날 설렘으로 기다리는 오늘이, 내 마음이 한 번도 가보지 않은, 내가 걷는 새로운 길이다. 유치하지만.

내게 새로운 길은 거창한 추구나 획기적인 무엇이 아니다. 내 소소한 삶의 어떤 변화나 모색, 설렘이 새로운 길이 되기도 한다.

내 새로운 길은 내 일상 속에 무수히 잠재돼 있다.

내가 깨어나 그것들을 캐내어 살아내기만 하면 된다.

'이집트'라는 나라를 다시 보다

오늘 신문(강헌의 히스토리 인 팝스 83)에서 이런 글을 보았다.

"올림픽 역사상 가장 아름다운 패배가 있다면 그 영광은 1984년 LA올림픽 무제한급 유도 결승전에 진출한 이집트의 알리 라슈완에게 돌아가야 할 것이다.

그는 결승전에서 203연승이라는 불멸의 기록으로 이듬해 은퇴하게 되는 일본의 유도 영웅 야마시타 야스히로와 만난다. 그러나 매트에 오른 야마시타는 오른쪽 종아리를 크게 다쳐 걷기도 힘든 상황. 하지만 라슈완은 오른 다리(야마시타) 공격을 일절 하지 않고 왼쪽 공격만을 노렸고 결국 패배한다, 그는 금메달은 잃었지만 유도의 근본정신인 명예와 존중을 얻었다."

이 글을 읽고 '이집트'라는 나라를 다시 보게 된다.

203연승이라는 불멸의 기록 세운 일본 선수 야마시타는 희미해지고 올림픽 역사상 가장 아름다운 패배로 기록된 영광의 라슈완만 기억에 남는다. 예수님은 전지전능하시나,

그 힘 조금도 안 쓰시고 죽으셨다. 그리하여 부활하셨다.

‘아이고 좋아라’에서 그치지 말고

원고(47집) 2차 교정 넘긴 날 아침.

원고 보내고 난 허전함 채우려고 골목 시장으로 갔다.

9시도 안 된 이른 아침의 골목 시장, 허리가 많이 구부러진 할머니 가게에 들렀다. “일찍 문 여시네요.”

“내가 이 골목에서 제일 먼저 문 열어요.”

“아드님이 물건은 다 해다 주지요?”

“아들은 자기 일 하지. 내가 경동 시장에 가서 해 오지요….”

그는 82세라면서, 아직 장사하는 덴 지장 없다고.

그에게서 미나리 머위 당근 감자 봄동, 사들고.

오늘 아침에 감자 된장국 끓이고 미나리 머위나물, 오랜만에 봄나물이 올라온 아침상.

남편에게 시장 본 얘기하면서 지갑 돈 2만 원 다 썼다고 하니, 감자 된장국 맛있었다면서 3만 원 준다.

“아이고 좋아라, 아이고 좋아라…”

나는 어디서 얻어 들은 노래 한 대목을 흥얼거리면서 내 방으로 가서 3만 원을 내려다본다. 곧 어려운 친구 생각이

난다. '가까우면 이거 들고 얼른 달려가서 드릴 텐데…(나중에 만나서 드렸다.)'

내게 '아이고 좋아라' 보다 더 기쁜 건— 이 돈 들고 금방 얼른 달려가서 어려운 친구에게 드리는 것

이게, 새로운 기쁨 만들어내는 내 생활의 창조라고나 할까.

어떤 부나 명예를 얻었을 때, '아이고 좋아라' 그 속에 멈추지 말고 한 발짝만 더 나가서—

'아이구 좋아라'를 소유하지 말고 누군가에게 나누고, 드리면 새로운 기쁨의 세계가 만들어진다. 나는 그런 기쁨을 조금 맛보아서 알기에 더욱 그런 기쁨, 만들려고 애쓴다.

이웃에게 내 귀한 것을 드리는 것보다

더한 기쁨은 없다.

순창 할머니와 용대 오빠

순창이 고향인 수정 님을 만나자 더 정다워진다.

아버지가 마지막으로 광주 병원에 입원하셨을 때 내가 가서 얼마간 간호했는데, 막 훌쩍 훌쩍 우시면서 이런 말씀 하신다.

"어렸을 때 설날이면 하인(남자 가사 도우미)들에게 업혀서 순창으로 세배 갔었지…"

엄마 없이 자라는 어린 세 아들이 엄동설한에 장정 등에 업혀서 순창 큰댁으로 세배 가던 추억이 떠올랐나 보다.

엄마 사랑을 못 받고 자란 아버지. 그 아버지가 양자로 간 할머니는 한 집안을 호령하시던 여걸이면서도 잘 생긴 미인(내가 보기에). 평생 회색이나 검은색 옷만 입었다. 남편 복은 평생복(平生服)이라고.

그런 할머니가 독립운동하다가 옥살이하는 친정 조카들 감옥 수발하러 다녔다. 목포로 전주로 대구로.

이번에 광주 용대 오빠에게서 그의 부친 이야기를 들었다. 부친은 광주 사범학교 나와서 고향 서삼 초등학교에서 교장선생님으로 계실 때, 학생들에게 독립, 애국정신 교육시키다 좌천 파면 당하셨는데, 그 부친 사범학교 학비를 순창 할머니가 대셨다고(용대 오빠의 말).

지금도 고향 서삼 초등학교엔 그 부친을 기리는 기념비가 서 있고. 명예스런 부친을 둔 그 오빠의 자손들은 지금 사회의 일꾼 역할을 잘 하고 있다.

나는 그동안, 내 집안의 역사를 모르고 지냈다.

시인 구상 선생님보다 더 잘 생기신(?) '다내 아저씨' 용대 오빠 부친께서 그렇게 독립운동하신 큰 어른인지는 몰랐다. 늦게라도 알게 되어서 어느 한 구석 막힌 데가 풀린 것 같다.

용대 오빠,

'부친의 정신 받아서 항상 그렇게 의연하셨구나.'

평창으로 이사 가신 6촌 오빠

미국에서 온 내 중학교 친구(여)가 동창(남자)이 사는 평창에 가끔 간다고 내게 얘기한다. 누구 집이냐고 하니까 "기○도 씨" 한다. 그는 내 6촌 오빠다. 거기서 솜씨 좋은 부인이 준 밑반찬도 많이 얻어 온다고 자랑하고. 그 뒤, 오랫동안 잠잠하다가 얼마 전에 평창으로 전화했다.

"…아니 오빠는 동생은 오라고도 않고 동창만 오라고 해서 밑반찬 만들어주고 그래요. 형님 좀 바꾸세요. 좀 따져봐야 겠어요…" 하고 웃었다.

서로 연락을 않고 지내니 6촌간이라도 남이나 같게 되고 말았다. 내가 너무 집안 친척들을 안 찾아보고 산 잘못이다. 이번에 코로나 잠잠해지면 평창에 가기로 했다.

그 형님은 전에 내 글을 좋아했으니까 편안한 맘으로. 그리고 형님이 해준 이 말씀도 나를 더욱 평창에 가게 한다.

"보내주신 책, 오빠가 열심히 봐요." 내 글, 내 영혼에 대해서 너무 모르면 내가 방문까지 하기는 좀 어려운 일.

만남은 곧 대화. 서로 이해와 공감에서 이루어진다.

자다가 깨면 울먹이는 아이

낮잠 자다 깨면 우는 아이들, 잠에서 깨면 갑자기 세상이 낯설어, 엄마 찾느라고 그럴까?…

나도 지쳐서 낮에 잠깐 쓰러져 자다가 깨면 가끔 울먹일 때가 있다. 갑자기 세상이 낯설고 무서워지면서 보호자(남편)를 찾는다. 정확히 말하면 이 험한 세상에 살면서 내 온전한 보호자인 하나님 아버지를 찾는 것 아닐까.

오늘도 원고 보내고 허전해서 골목 시장에 가, 채소 많이 장보기 해다가 그걸 또 정리하고 물김치 한 통, 오후 늦게까지 담그고 지쳐 쓰러져 잠들었다. 깨어보니 초저녁, 울먹이면서(?) 남편 찾으니, 남편이 이런 나를 분석한다.

"아기가 잠 깨서 울 땐 배가 고프거나 기저귀 젖어 엄마 찾는 것이지, 당신처럼 무서워서 우는 것 아니라고."

나는, 아기도 엄마 태중에서 평안하게 살다 낯선 세상에 나와 불안하고 무서워 엄마 찾는다고 하니, 남편은 이런 나를 '특수 인간'이라고. 내 울먹임을 멸시치 않고 특수하다고 봐주는 남편, 이 세상 어렵게 사는 내겐 하나님 대리인이다.

내가 나를 들여다볼 때

오늘 아침, 어제 담근 봄동 물김치가 좀 짠 듯해서, 무를 좀 넣으려고 썰다가 손을 벴다. 나는 순간 내 잘못보다 '남편이 어젯밤에 칼을 갈더니…' 남편 탓하고 있다.

칼에 벤 왼손 검지 끝에서 피가 흐른다. 이른 아침이라 남편이 잠자고 있어서 안 깨우려고 참으려 했으나 많이 벴는지, 지혈이 안 돼 남편을 깨운다. 남편은 일어나서 약 서랍 열고(약이 가득). 소독, 지혈제 바르는데 피가 쏟아지니 남편이 얼른 옆에 있는 화장지로 닦는다. 내가, "그거 식당에서 쓰는 화장지지요?" 하니, 남편이 아니라고 한다.

"당신이 칼을 갈아 놔서…"

나는, 손 벤 게 남편 탓이라고 말하면서, 말하는 나를 보고 있다. …남편은 아무 말도 않고. '내가 꼭 에덴동산에서 선악과 따먹고 하나님 앞에서 뱀에게 핑계 대는 하와 같구나.'

남편이 약 바르고 가제로 싸고 종이 밴드로 싼다.

남편에게 치료받으면서 고마워도 안 하는 나,

예수님 사랑 안에서 거듭나야 현숙한 아내. 나는 멀었다.

파주시 탄현면 헤이리마을

파주시 탄현면 헤이리마을길 독자님이 매실잼을 보내셨다. 이종사촌 시누이가 전한 내 책을 읽으셨다고 해서, 그 아가씨가 가르쳐준 전화번호로 잘 받았다는 인사 보낸다.

다음은 그와 주고받은 글이다.

—"글 쓰는 기일혜입니다. 정결한 선물, 매실즙 받고 크게 놀랐습니다. 지금은 잘 받겠다는 마음만 전합니다.

4월에 제 책(47집) 나오면 보내겠습니다. 평안하십시오."

—"작가님 반갑습니다. 현○숙 자매님이 준 '8월에 만난 자매들' 읽고, 잔잔한 일상 속에 스며 있는 측은지심이 가득한 작가의 마음을 읽고, 용기 내어 독자라고 명함 내밀었어요.

매실잼은 매실청 걸러내고 남은 알맹이들 버리기 아까워서(맛도 있고 해서) 씨를 제거하고 만들었는데, 기존의 잼들과 달리 설탕을 조금만 첨가해서 점성이 약해 즙 같은 잼이 됐네요. 빵에 발라 드시기엔 괜찮을 듯해서 보냈습니다.

앞으로도 좋은 작품 기대합니다."

— "측은지심이 제 작가성의 원천인데, 그걸 보아내주시니 무척이나 기쁩니다.

매실잼에 대한 자세한 설명에서도 탐구성, 독창성, 삶에 대한 열정이 느껴집니다… 매력 있어요."

— "과찬을 하시네요. 감사합니다." "과찬 아닌데요. 사람은 때로 자신을 모른답니다."

— "이렇게 칭찬 받으니 몸 둘 바를… 41년 생, 저랑 동갑입니다…." "어머나 그래요. 주신 글에는 나이가 안 느껴지는 발랄한 현역이었어요. 생각이 젊으면 그러나 봐요. 사람 영혼이나 마음은 안 늙는다고 하지요. 항상 젊으셔요. 곱고 아름답게."

— "코로나가 정점을 지나 좀 가라앉으면 한번 나들이 하셔요. 현○숙 님이랑 같이 저희 음악실에서 차 한 잔 할 기회가 있기를 바랍니다."

파주시 탄현면 헤이리마을의 새로운 독자.

그는 지금부터 내 새로운 길이 되고 있다.

누구든지 내가 처음 만나는 사람은 내 신세계요,

내 새로운 길이다.

3부

내 삶을 재정비해야 할 때

기일혜 작가에 대한 정의(定義)

수지 친구가 자기 일기장에 적은 글이라면서 보냈는데, 제목부터가 당당하다. “기일혜 작가에 대한 정의”

과찬이지만 독자들이 작가를 객관적으로 다방면에서 볼 수도 있기에 여기에 옮긴다.

“기일혜 작가님에 대한 정의(2022년 4월 29일 금요일)”

– 예수님 사랑, 하나님 자랑하는 친구

– 예수님께 몽땅 빠져버린 친구

– 사람에게, 꽃과 그림에게 몽땅 빠져버린 친구

– 긍휼과 용서를 앞세워 살려는 친구

– 가난을 만드는 여자

– 어린아이처럼 단순하게 사는 친구

– 하나를 가지면 둘을 주려는 친구

– 때론 어린아이처럼 엄마처럼 대하는 미스터 농협 님의 아내

– 남편에게 화를 돋구고 그러나 그 화를 적당한 애교로

풀어주는 센스 있는 아내

- 10원을 가지고 1,000원의 멋을 만들 줄 아는 작가님!
- 두르고 있던 실크 머플러를 어느 가난한 소녀에게 둘러주고, 그 소녀가 내민 감자떡 한 봉지를 경비실 아저씨께 갖다 드린 인정 많은 친구
- 꽃 한 송이 풀 한 포기에도 자신의 숨결을 내뿜는 만물의 어머니
- 자신의 선함은 숨기고 남의 선행을 널리 소문내는 친구
- 가난을 평안으로 여기는, 하나님 말씀대로 사는 여인
- 흔하게 굴러다니는 담요 한 장에도 감사와 칭찬을 아끼지 않는,
- 삶 속에서 훌륭한 글의 소재를 찾고 아름답게 묘사하고 감동을 주는 친구!"

덧붙여서 이런 글도 보냈다.

"일혜야 그동안 격조했지? 그동안 내가 허리가 많이 아파서 치료받느라 연락 못 했어… 미안해 잘 지내지?

어떠한 상황에서도 생동감 있게 활동하는 네가 한없이 부럽고 존경스럽다. 난 항시 비실비실해서 말이야. 너를 그대로 나타냈는지는 모르겠다만 그날의 내 일기장에 적힌 글이야. 무궁무진한 네 능력의 일부분일 뿐임을 거듭 말할게.

편안한 밤 되기를."

“아아아, 나를 참 자세히 여러모로 좋게도 보아주었네.

누가 나를 이만큼, 큰 사랑으로 감싸면서 보아주겠나.

자네 안의 예수님 사랑이 나라는 친구를 좋은 점만 확대해서 보게 하였네.

누가 이런 글을 같은 반에서 3년이나 같이 공부한,

온갖 흉허물 다 아는 학교 친구에게 보낼 수 있겠는가?

자네는 나보다 한 차원 위에 있네.

남의 슬픔에는 함께 해도, 남의 기쁨이나 좋은 일에 함께 하긴 어렵다는데, 자네는 예수님 같은 마음으로 나를 품어서 보아주고 있네.

‘무궁무진한 네 능력의 일부분’이라고?

무궁무진한 능력은 자네에게도 있네. 더 있네.

우리는 전지전능하신 하나님의 자녀니까.

부모 안 닮은 자녀가 어디 있다던가.”

늦은 밤 곤드레를 삶으면서

정선에서 온 곤드레 박스를 보면서 내가 혼자 한 말이다.

"올해도 정선에서 곤드레가 왔습니다."

봄이 가는 5월 중순쯤 어김없이 정선 친구에게서 곤드레 한 박스가 택배로 왔다. 곤드레는 채소라 시들기 전에 얼른 삶아 두려고 준비하는데, 친구 전화다. 그동안 어떻게 지내느냐는 안부 전화에 대답한다. "몸은 좀 회복이 돼가고 지금 막 곤드레 삶으려고 해요."

그런데 그 친구가 내 작가혼을 자극해서, 곤드레 삶으려다 말고 곧 외출. 야경 보면서 저녁까지 먹고 밤 9시 지나 귀가해서 곤드레 한 박스 다 삶고 나니 12시 40분쯤.

곤드레 삶으면서 정선 친구를 생각한다.

곤드레 보낼 때마다, '쪼금 보냈어요' '곤드레가 안 좋아요' '이번엔 추워서 곤드레가 안 됐대요' 언제나 쪼끔, 안 좋아요, 안 됐대요. 나를 사랑하는 맘에 비하면, 곤드레가 좋지 않다고… 곤드레 틈에 끼어 넣은 연한 상추 이파리처럼,

그의 말 한 마디, 마디에 친구 사랑이 애잔하게 배어 있다.

스케줄이 꽉 찬 여인은 매력 없다

곤드레 삶으려고 하는데 친구가 보낸 문자.

"통화하실 수 있나요?"

얼른 그에게 전화하니 곧 받는다.

"그동안 잘 지내셨어요?"

"네에, 몸은 많이 회복이 되고요. 당신이 5월엔 약속으로 꽉 차 있다고 해서… 어느 곳이 막히면 다른 데를 찾더라고요. 그 사이, 새 친구도 만나고 그랬어요.

그 친구가 양재천 넝쿨장미가 예쁘다 해서 갔지요. 처음 방문이라 꽃 몇 송이 들고 3, 40년 된 원피스 입고 갔지요. 가면서 당신 생각도 했는데,

당신은 내 옷차림 아름답게 봐 주잖아요."

"아 그랬어요. 작가님 이번 '머플러 한 장의 매력' 작품은,

'신혼여행' '내 그리운 시절' 버금가게 좋아요."

"눈 오는 날 장보러 간 우리 부부도 좋다고들 하대요."

"그 작품에선 '그러거나 말거나'가 몇 번 나오는데 그게 좋았어요… 김 선생님이 정상이고 작가님이 특별하지요."

통화보다 직접 만나서 얘기하고 싶어서
"오후에 시간 있어요?" 있다고 해서 급히 약속하고 만남.

그의 5월이 스케줄로 꽉 차 있다고 해서 매력 없더니,
"머플러 한 장의 매력"이 "신혼여행" "내 그리운 시절"
버금가게 좋다고, 내 작품 얘기 하니까,
금방 그가 매력 있어지네.
나도 어쩔 수 없는 속물이다.

우리 집 샐러드 김장김치 5

내가 작년 겨울에 담근 샐러드 김장김치,

몇 달 지난 올봄 3월 어느 날. 친구가 갑자기 와서 더운 밥에 그 김치만 꺼냈더니 아주 맛있게 들기에 남은 반쪽을 드리려고 냉장고에 넣어놓고 깜박 잊었는데, 다음날 친구가 전화. "어제 김치 안 가지고 와서 아침에 그 김치가 생각났어요. 정말 김치는 그렇게 담가야 해요. 뭐 그렇게 양념 많이 넣어서 진하게 담글 게 아니라…"

"김치 달인 당신에게서 칭찬받았으니 내 샐러드 김장김치는 객관적으로 인정받은 거네요. 맘이 놓이네요. 흉 잡힐까봐 누구에게도 안 내놨거든요."

"배추 맛이 그대로 나요. 배추가 달고 배추를 잘 골라서 맛있어요." "내 동생도 와서 먹고 배추 냄새가 난다고(살아있다고) 강원도 김치 같다고 하대요."

내가 무슨 시험에 합격한 것처럼이나 기쁘다. 옛날 생활 방식은 개선해 나갈 수도 있다. 샐러드 김장김치도 그 중의 하나다. 나는 만물을 새롭게 하는 하나님의 자녀니까.

사랑이 이긴다

내 샐러드 김장김치 극찬한 그 친구가 눈 수술하고 퇴원했다. 2박 3일 입원하고 한 수술이라 내가 걱정했더니, 남편이 가 보라고 하면서 영양주사라도 한번 맞으시라고 작은 봉투를 준다.

내가 몸도 불편하고 오미크론이 확산세라 계좌로 부칠까 하니, 계좌로 보내는 것과 가서 만나서 얼굴 보고 드리는 것은 천양지차, 어지간하면 가 보라고 한다.

나는 웃으면서 “아내 건강(오마크론 확산세)보다 당신은 예의가 먼저구나” 하면서도 내 친구에 관한 일이라 흐뭇했다.

그러나 그 당일은 못 가고 그 다음날, 나는 집에 있는 것들, 챙겨가지고 갔다. 가장 먼저 챙긴 건 그가 맛있다고 극찬한 샐러드 김장김치. 폭이 커서 한 쪽만 넣으려다가 누르고 눌러서 세 쪽 넣고. 김치 통 뚜껑이 잘 안 닫혀져서 비닐로 싸고, 싸고. 강원도에서 온 청국장 3봉지, 명란젓과 갈치속젓도 넣고.

내가 얼마 전, 호박 메고 와서 허리가 좀 아팠는데 급하니까 그런 생각도 저리 가고, 나는 한 짐 메고 들고 간다.

허리가 받는 무게를 줄이려고 한 손으로 작은 짐 들고, 한 손으로만 무거운 배낭 받치면서 가니 더 힘이 든다.

그 집까지 가려면 지하철 환승로가 길고 버스로 바꿔 타, 내려서도 한참 걸어가야 하므로, 한 짐 메고 들고 가기엔 복잡하고 힘든 길이다. 힘이 붙일 때마다 나는 이 말을 깃발처럼 들고 간다.

"사랑이 이긴다! 사랑이 이긴다!(어느 책 제목)"

정말 사랑이 이긴다.

그를 사랑하는 마음이 내 짐 무게를 줄인다.

허리가 안 아프다.

이사 간 동생네 집에 가서

오늘은 남산으로 운동 갔다 오는 동생들을 만났다.

지하철 6호선 삼각지역에서 만나 며칠 전 이사 간 동생네 집으로 향했다. 동생 집은 남향으로 베란다가 넓은 집.

베란다가 넓은 집은 작은 뜰이 있는 집 같이 편안하다.

베란다가 있는 동생 집은 겹집 같다.

동생 집에서 돌아와, 베란다 없는 우리 집을 보니, 홑집 같고. 아파트엔 베란다가 있어야 하는구나, 그런데 사람들은 언젠가부터 베란다를 터서 거실을 넓혔다. 그게 뜰을 없애는 일이라는 생각이 든다. 뜰이 있어야 영혼이 쉴 편안한 집이 되는데….

동생이 서초동에 본가 두고 그리 전세 얻어 간 건,

아들네 손자 손녀 봐주려고. 이전에 살던 이태원 집도 작은 딸네 손자 손녀 봐주려고. 자녀들 집 따라서 이곳, 저곳으로 이사 다니면서 손자 손녀 봐주는 동생. 그의 가족과 삶에 대한 건전한 애정과 성실함은 이 시대 엄마들의 귀감이라고 생각한다. 언니로서가 아닌 한 작가로서의 말이다.

힘자랑 안 하는 아내

힘의 원천인 예수님은 세상에서 힘자랑하지 않으셨다.

자기를 위해서는 그 힘, 한 번도 쓰지 않으시고, 그 힘— 남 살리는데, 창조하고 돕고 보살피고 위로하는 데 쓰셨다고.

그런데 가장 먼저 내가 힘자랑하지 말고 고쳐야 할 데는 '부부 사이'라고 한다. '아내는 사사건건 자동적으로 남편을 감시하면서 힘자랑한다'고 한다.

다른 사람 아닌 내가 그러고 있다.

부부가 늙어갈수록 외출 줄고 집에만 있게 되자, 주방 실력자인 아내가 은근히 남편을 사사건건, 자동적으로 감시하면서, 힘자랑한다고. '자동적으로 감시' 무서운 말이다.

'몸에 나쁜 빵, 만두를 왜 그렇게 좋아하느냐. 운동 좀 해라.' 이런 아내 간섭에 남편은 감시당하는(?) 것 같고.

아내는 자기가 주방 일 맡아한다고 이렇게 노골적으로 힘자랑한다. 그러면서도 아내는 남편에게 참고 산다고 한다.

남편에게 힘자랑하는 걸 고치려는데, 잘 안 된다.

아내의 힘자랑— 보통 심각한 문제가 아니다.

내가 받은 가장 큰 복

"문득 생각이 나면 오셔요 아무 때라도."

언젠가 이웃 꽃 선생님이 내게 하신 말씀이다. 그러나 지척이 천리라고 몇 분이면 가는 거리를 몇 달 만에 한번이나, 책이 나오면 갔다. 오늘 찾은 그의 꽃가게는 여전히 우아한 꽃밭. 꽃을 보는데, 그가 키우는 강아지가 낑낑댄다.

그는, "손님이야 들어가, 손님이야 들어가" "강아지가 왜 그래요?" 내가 묻는다. "얘가 선생님을 안다고 저래요. 내가 손님이다 하면 얼른 들어가거든요. 낯선 사람이니까.

그런데 선생님은 손님 아니고 안다고 저러네요."

"어떻게 나를 알까요, 냄새로?"

"몇 번 오셨잖아요 이럴 땐 사람보다 영리한 것 같아요."

하나님은 강아지도 사랑하셔서 뛰어난 후각 주시고,

나를 당신 인격 닮은 자녀로 만드시고. "하나님이 자기 형상 곧 하나님의 형상대로 창조하시되 남자와 여자를 창조하시고 하나님이 그들에게 복을 주시며…"(창세기 1:27, 28에서)

내 가장 큰 복은— 하나님이 내 아버지 되신 것.

이웃 집 공사 소리가 괜찮을 때

승강기 안, 공고 란에 이런 소식이 올라와 있다.

○층 아파트로 이사 오는 분이 집수리할 때 나는 소음은 양해해 달라. 보수 기간도 3월 3일부터 3월 31일까지 근 한 달. 보수 항목도 10여 개.

새로 이사 오는 분 중에는 싱크대는 물론, 거실 인테리어도 자기 취향에 맞게 새로 고치고 바꾼다.

보수 공사가 시작되자 쾅쾅 소리가 간헐적으로 들린다. 남편도 "언제 저 공사가 끝나지" 하고. 나는 몰두하는 데가 있으니 소음에 둔감해져서, '이번 공사 소리는 좀 오래 가는구나' 할 정도.

그렇게 얼마가 지난 아침, 우리 아파트 승강기에 오르니 먼지투성이 작업복의 앳된 청년이 지하에서 올라온다. 그가 몹시 안 돼 보여서 "수고하십니다." 공손히 인사하니, 그 청년이 웃으면서 말한다. "오늘(?) 오후 네 시면 끝납니다(공사 소리가). 죄송합니다." "아니요, 괜찮아요."

나는 청년의 부드러운 인사가 고마워서 오히려 내가 더

미안한 마음. 다음날인가, 아침 식탁에서 남편에게 말한다.

"공사 공지문은 집 주인이 아니고, 공사하는 업체가 승강기 안에 붙이나 봐요. 작업하는 소년 같은 청년을 어젠가 승강기에서 만났어요. 수고하신다고 했더니, '오늘 오후 네 시면 소음은 끝난다'고 공손하게 말합디다. 그 뒤, 쾅쾅 소리 들려도 아무렇지 않았어요. 이상하지요. 서로 대화하고 나면 이해가 되고 괜찮아지나 봐요."

"주민들이 들으면 항의할 소리네. 공사 소리, 쾅쾅 소리가 괜찮다고?" 남편 말에도 일리는 있다. 그러나 이해가 되면 큰 잘못도 용서가 되는데, 얼마간 내는 소음이야 내겐 문제가 되지 않는다. 그래도 나는 층간 소음 들리지 않도록 조심조심하며 산다. 이웃 간에는 이타적으로 사는 게 예의이고, 이런 예의 지키면 내 마음이 편안해진다.

내가 가지고 있는 반지

해맑은 코발트빛 꽃잎 5개가 활짝 핀 예쁜 꽃송이 반지.

내가 가지고 있는 단 한 개 남은 유일한 반지다. 수십 년 전 어느 열차 안. 고향 다녀오는 내게 다가온 장애자 청년 한 분이 자기 손으로 만들었다는 반지를 사달라고 한다.

동정심이 끓어올라서, 나로선 제법 많은 돈을 주고, 그 반지를 받았다. 지금 끼어 보아도 촌스럽지 않고 예쁘다. 크기를 조절할 수 있어, 손가락이 굵어진 지금도 낄 수가 있다.

어제 책상 서랍 정리하다 발견한 이 반지는 내게 결혼반지 이상으로 가치가 있다. 나는 몸에 뭐 부착하는 게 싫어 결혼반지도 끼어 본 기억 별로 없고, 이사 다니다 잃어버렸는지 지금은 없다.

결혼반지도 내게 좋은 기념이 되겠지만, 마음에 새겨진, 날마다 확인하는 남편 인격이 내겐 결혼반지 이상이다.

결혼반지도 간수 못한 아내지만, 오늘 저녁상엔 남편 좋아하는 무생채라도 정성껏 만들어야지, 한다.

나대지 않고 안존한 영숙 님

오늘 아침 베란다에 나가니, 남편이 말한다.

"저 나무줄기에 새싹이 돋았네. 보라고 한번."

"예에 통통하게 싹이 돋았네. 이거 일산 영숙 님 집에서 한 가지 꺾어다 심은 건데 이름이 뭐더라?"

곧 영숙 님에게 이 나무 이름 알려고 전화.

두 번이나 해도 안 받아서, 걱정한다.

얼마 뒤 그와 통화. 그는 안녕했고, 그 나무 이름도 알아냈다. "마삭나무, 백화등(白花藤)"

그 뒤, 영숙 님이 보낸 47집 독후감이다.

나대지 않고 안존한 그의 품격이 글에도 담겨 있다.

"책(47집) 표지가 색상이 너무 편안해서 좋아요 '좋은 언니' 제목도 너무 좋아요!!!

남편이 47집은, 글은 짧은데 느낌은 더 길어진다고 해요. 풍성하다고~!"

나를 너무 나무라지 마시길

얼마 전, 옷장 정리하다가 내 옷 중 제일로 아름다우나 오래 안 입고 둔 원피스를 꺼낸다. 디자인이 화려한 옷이라 평상시에도 입을 수 있도록 고친다.

그래도 곱고 화사하다.

벌써 그 옷 입고 두 번이나 외출하고, 두 번 외출이 더 약속돼 있다. 내일(5월 20일) 중학교 친구 백(행숙) 선생 마중 나갈 때, 또 26일 목요일은 까치울 지하철역에서 세 친구가 '긴 치마 입고 만나는 날'에도 입을 것이고.

내가 앞으로 외출할 수 있는 날— 봄부터 가을까지, 이 옷 입을 것. 이 옷 입을 생각만으로도 아늑해지는 마음.

사람마다 아끼는 무엇이 있듯이, 나도 아끼는 이 옷.

대지를 싸안는 것 같은 풍성한 치마폭에,

무엇엔가에 늘 애태우고 있는,

무엇엔가에 늘 조마조마하고 있는 내 마음을 묻고 싶다.

그러더라도 나를 너무 나무라지 마시길.

내 생명, 내가 만든 게 아니니까.

밥그릇 뚜껑 깨어지다

호사다마(好事多魔)라는 속담이 있다.

"좋은 일에는 탈이 많다, 라는 뜻"

오늘 아침 내가 베란다에 버려두다시피 한 동양란에서 자주색 꽃대가 올라오고, 마삭나무 새싹이 돋고,

신문에 난 사진이지만 프리지어 꽃다발도 남편에게서 선물 받고 기쁨의 연속이다.

이 기쁨 속에서 아침을 차리려고 남편 밥그릇 챙기다가 그만, 남편 사기 밥그릇 뚜껑을 주방 바닥에 떨어뜨려 버린다. 깨지는 소리가 내 아침을 산산조각 낸다.

내가 가만히 말한다.

"호사다마라더니, 내가 흥분해서 손에 힘이 빠졌구나."

남편도 잠시 침묵하다가 마음을 가다듬고 말한다.

"호사다마 그런 말은 없어, 어디 다친 데는 없는가?"

한참 뒤 정신 차린 내가 탄식조로 말한다.

"어쩌까, 당신이 광장 시장인가, 어딘가 그릇 가게 다 헤매서 사 온 것인데 어쩌까."

이 그릇은 어느 분에게서 선물 받은 뚜껑 있는 고급 사기 그릇 한 쌍인데, 내가 진즉 뚜껑은 다 깨버리고 적당한 그릇으로 뚜껑 대신 썼는데, 그걸 못마땅히 여긴 남편이 광장시장인지 청계천 시장인지 그쪽 그릇 시장 다 돌아다녀서 밥공기에 거의 맞는 사기 뚜껑 2개를 사 온 것.

그 뚜껑 하나를 깨뜨렸으니 남편이 겉으론 태연한 척 해도 얼마나 속 아파하는지 나는 안다.

'내가 너무 환호작약해서 조심하지 못했구나.

환호작약에는 대가가 따르는가.'

하루에도 별의별 일이

오늘 아침, 신문에 난 프리지어(사진) 선물까지 한 남편이 갑자기 몸이 안 좋다고 한다. "나 좀 누웠다 나올게."

남편은 집 근처 식당에서 친구들과 점심 들자는 약속도 취소하고 눕는다. 환호작약하던 나는 곧 비상이다.

나는 119라도 부를 준비하면서, 편하게 입는 운동바지 지퍼가 고장 나서 단추 찾아 달고, 입원하면 입을 옷가지도 챙기면서, 반은 울먹인다. '…인생 아침 이슬 같다더니, 아침에 멀쩡하던 사람이 친구와 약속 취소하고 자리에 눕고.'

몇 시간 뒤, 남편이 일어난다. 나는 흰죽 쑤려고 쌀 씻으면서 남편에 대한 불만이 살며시 고개 든다. '운동하라고 해도 않고, 몸에 안 좋은 만두나 빵 좋아하더니…'

그러다가 이래선 안 되지, 남편 없는 세상. 당장 시장은 누가 봐다 주고, 무서움 많은 내가 밤엔 혼자 어떻게 지내고.

그러나 죽음 너머 삶이 있는 나, 죽음 두려워 말고 오늘 하루 잘 살아야 — "…내일 일은 내일이 염려할 것이요 한 날의 괴로움은 그 날로 족하니라"(마태복음 6:34에서)

전문가는 무섭다?

이번에 내 책(46집 : 2021년) 교정, 편집은 출판사 월간지 담당이신 ○과장님이 맡게 되었다.

그는 원고 교정하고 편집하는 전문가다. 그가 교정봐서 보내는 원고(46집) 받아 내가 보고, 그렇게 몇 번 자유롭게 보면서 편안하게 마쳤다. 전문가는 보통 무서운데 그 과장님은 겸손하셔서 교정 과정도 수월하게 넘어갔다. 왜 그랬을까? 내 생각으론 같은 전문가라도 자기 일에 당당하게 임하는 분과 겸허하게 임하는 분, 개성 차이라고 본다.

자신감 가진 엄격한 전문가 앞에선 내가 불편, 불안해지고, 겸허한 전문가 앞에선 내가 자유롭고 평안해서 상상력, 영감이 더 살아난다고나 할까.

사람은 자기 전문 분야에서 엄격하고 무서울 수밖에 없나?

예수님은 창조주로서 생명을 만드신, 완전한 생명 전문가지만, 자기가 만드신 생명인, 어떤 인간보다 더 겸손하셨다. 낮고 천한 자리에서 태어나시고 그런 인간들 섬기시고, 위해서 가장 처참한 십자가형으로 죽기까지 하셨다.

이런 예수님의 섬기는 삶을 생각나게 하는 '서번트(servant : 종) 리더십'이라는 말도 있다. 서번트 리더십이란 지도자가 군림하는 게 아니라 종처럼 낮아져서 아래 사람들을 섬기는 걸 말한다고 한다.

무서운 전문가와 일하면 내가 오그라들어서 내 영감이 제한받고, 겸허한 전문가와 일하면 내 영감이 살아난다고 할까? 하나님은 생명 전문가지만 못난 사람이든 잘난 사람이든 다 받아들이신다. 다 사랑하시면서 우리더러 서로 허물을 덮어주면서, 화목하면서 일하라고 하신다.

화목한 가운데 일하면 전능하신 하나님이 함께 하셔서 사람이 다소 부족하거나 잘못된 부분도 넉넉히 도와주시고 보완해 주신다.

없는 데서 있게 하시는 주님을 믿고 일하면 된다.

무엇보다 서로 화목하고 남을 나보다 더 낫게 여기면서.

사이좋은 실장님과 과장님

내 수필집(46집) 원고 교정을 출판사, 월간지 담당이신 ○과장님이 맡으셨다. 내 원고 중에 이런 구절이 있다.

"며느리 힘든다고 낮에는 늘 공원에 나가요."

이 '힘든다고'를 '힘들다고?(○실장 의견)'로 고치면 어떻겠냐는 과장님 의견에— "네 아주 좋아요."

과장님이 실장님과 의견을 나누면서 겸손하게 일하시구나. 두 분 다 좋은 분들이라 그렇지, 그 따뜻함이 내게까지 전해진다. 그리고 업무상 가까운 실장님에게 나는 이런 말씀 드린다. '이 귀한 사내(社內) 우정 잘 지켜 나가시라'고.

꽉 짜이고 빡빡한 직장 생활에서 사람 온기가 도는 이야기다. 능률, 실적 위주의 직장에서는 서로가 다 경쟁자요, 팽팽한 맞수가 아닌가. 그런데 자기가 주관하는 일에 옆 사람 의견도 참고하고, 그 사실을 또 작가에게 알린다는, 그 겸손함에 놀란다. 그를 더 높이 보게 한다.

두 분이 오래 사이좋게 일했으면—

실적 못 내는 것보다 무서운 건, 동료 마음 다치는 일.

울산 큰애기의 작은오빠

혜경 엄마 작은오빠가 울산에서 작은 농장을 하신다.

이번에(2021) 울산 가서 김장거리 차로 실어온 혜경 엄마는 내게도 배추 5포기와 무를 주었다. 혜경 엄마는 가지고 온 배추로 김장하고, 오빠한테도 맛보시라고 배춧속과 수육을 택배로 보냈다고. 보내는 방법이 궁금해서 묻는다.

"그걸 어떻게 택배로 보내요?"

"수육과 배춧속(김치)을 잘 싸서 얼음 봉지 넣어 보내면 괜찮아요."

누구에게나 오빠는 젊은 아버지 같고,

누이에겐 든든한 보호자 같다.

내 오빠도 내 단편소설 선집, "약 닳이는 여인" 출판 기념회 비용도 다 내주시고.

책 제목이 "약 달이는 여인" 아니냐고 묻는 사람이 있다.

이 단편소설 주인공은 언니가 몸보신하라고 보낸 노루를 양은솥에 넣고 계속 '닳이기'만 한다. 보약으로 먹으라고 보낸 걸 징그러워서 못 먹고, 버리지도 못하고 계속 '닳여서' 없애버리겠다는 듯? 앞마당 좁은 구석에 큰 양은솥을 걸어 놓고 매일 '닳이는' 이상한 여주인공.

얼마간 그 약 닳이는 걸 잊고 지내다 어느 날 무심히 양은솥을 열어본다. 거기엔 검은 회색 곰팡이가 솜처럼 밑바닥에 깔려 있고, 그 위로 작고 검은 막대기 같은 기둥들이 빽빽이 수북이 올라와 있었다.

그래서, 그 단편 제목은 보약 달여서 먹는 "약 달이는 여인" 아니고 약을 닳여서 없애는(?), "약 닳이는 여인"이다.

소설은 새로운 인간상을 형상화, 창작하기에,

때로는 상식이나 표준말, 맞춤법을 무시, 초월하기도 한다.

독후감 특A 받은 친구

나는 요즘 들어서 '사람들의 독후감 사양한다'고 했는데, 어느 친구가 나와 무슨 대화 중에 이런 말 한다. "이번 책(47집)에 '머플러 한 장의 매력' 있지요. 그 작품은 '내 그리운 시절'이나 '신혼여행' 버금가는 작품이라고 생각해요."

나는 그의 독후감이 독특해서 더 듣고 싶어 오후에 시간 있느냐고 묻고, 있다고 해서 만난다.

그와 만나서 한동안 못 만났던 소식도 듣고,

뭣보다 독후감도 자세하게 듣고,

이른 저녁 먹고 그와 헤어져 돌아오면서 그에게 말한다.

"당신의 독후감은 특A야!(A+보다 더 좋다는 뜻)"

"어머 어머 그래요."

독자들의 독후감은 다 다르다. 그러나 그분들의 한마디 말씀은, 내 책을 읽고 난, 나를 위한 조언.

호평 아니라도 다 특A, 쓴 말은 내게 더 약이 되니까.

나는 침노하는 자

나는 침노하는 자— 죄와 사망인 이 세상에서 죄 없고 사망 없는 천국을 침노해서 빼앗은 사람. 나는 일상에서도 의미 있는 것을 보면 침노하는 자다.

어느 날, 매원 님에게 "오늘 뭐 하세요?" 하고 물으니 "수정 님 만나요." "나도 만나면 안 돼요, 오늘 우리 셋이 서울대공원에서 만나자고 해 보세요."

수정 님은 친구 매원 님이 준 내 책 한 권 읽고, 전부를 주문해서 읽은 분. 그런 분을, 그날 내가 침노해서 대공원에서 만난다. 그날 헤어질 때 수정 님은, '오늘이 생애 가장 행복한 날'이란 말을 남기고… 그날, 내가 그를 만나고 싶다 안 했으면, 수정 같은 '사람 보석' 하나를 잃을 번했다.

그렇게 해서 그와 같이 까치울 생태공원에도 가고, 우리 집에도 오시고. 그를(60세) 알고부터 나는 더 젊고 파릇한 인생을 배운다. 성경 말씀처럼 그를 침노해서 얻어낸 것이다.

"세례 요한의 때부터 지금까지 천국은 침노를 당하나니 침노하는 자는 빼앗느니라"(마태복음 11:12)

사람 만나 밥 사는 게 내 직업이야

낡은 수첩에서 중학교 친구(82세) 백 선생 전화번호를 찾아서 전화한다. 10여 년 만이다.

그도 얼마 전 나를 생각했다고. '그 애(기일혜)가 나 같은 게 뭐라고 내 얘길 책에다 내고… 내가 만나서 점심이라도 대접해야 하는데 전화번호도 모르고, 누구한테 물어봐야 하지' 했는데, 내가 전화했다고 반가워한다.

친구 남편은 얼마 전 돌아가시고 모시던 친정어머니도 가시고 애들은 독립하고, 혼자 지낸다. 노년을 봉사 활동, 취미 생활로 바쁜 친구는 홀수 금요일만 시간 있다고 해서, 4월 29일 서울숲에서 만나기로 한다.

친구가 "12시에 서울숲 지하철역에서 만나, 내가 점심은 살게." 해서, 내가 "아니야 내가 살게. 친구 만나면 밥은 내가 사. 내가 많이 배우니까."

"그럼 다음에는 내가 살게."

"아니야 만나면 언제나 내가 사야 해,

내가 사람 만나는 것 좋아하니까, 그럴 때 쓰라고 아들이 준 특별금도 있으니까. 친구 만나면 즐겁게 밥 사는 게 내 일이고 내 직업이야. 다음에도 내가 낼 거야." "그럼 그렇게 해라."

내가 그와 만날 때마다 점심 값 낸다고 우긴 이유는,

친구에게, 요즘 생활은 어떻게 하느냐고 물으니까, 남편 가시고 나서 연금 60프로 받는데, "어떤 땐 남기도 하고 어떤 땐 모자라기도 해." 모자라기도 한다는 말만 기억했기에 점심 값은 언제나 내가 내겠다고 한다.

그러다가 나중엔 이런 말로 마무리한다. "점심 값 누가 내면 어때? 물질은 다 하나님이 우리에게 맡기신 하나님 것인데, 많이 맡겨진 사람이 많이 내는 게 공평한 거 아니야."

'내가 이번에 점심 사면 너는 다음에 사고'는

그건 세상 법(?) 아닐까? …친구들 만날 때 쓰라고 특별금까지 받은 내가 친구 점심 값 내는 건 당연한 일.

내가 점심 값 언제나 낸다고 하니까, '그럼 그렇게 해라.'

그렇게 말하는 겸허하고 순종적인 친구.

그는 나를 편안하게 하면서도 설레게 하는,

만나고 싶은 사람이다.

안 해 본 일 없이 다 해 본 사람

간밤에 잠을 못 자서 피곤한데, 며칠 전 자기 동네 산(공원)에 꽃이 한창이라고 놀러 오라는 한 독자가 생각난다.

그날은 못 갔는데, 오늘은 그 봄꽃 핀 산이 보고 싶어진다.

용기를 내서 얼굴도 모르는 그 독자와 오늘 만나자고 약속한다. 점심은 각자 해결하기로 하고. 그런데 점심이 부실했는지, 그의 집으로 가는 지하철역에 내리자 나는 갑자기 허기가 져서 그에게 전화한다. "당신이 자랑한 그 유명하다는 떡집 있지요. 거기서 쑥떡 좀 사 가지고 오셔요."

처음 만나는 그에게 쑥떡 사 오라고, 동생에게 말하듯 하는 나. 만나진 않았지만 주고받은 글에서 상대를 어느 정도 신뢰하고 있었으므로. 약속 장소에서 만나 공원으로 직행.

동네 근처에 산이 있고 공원이 있고, 그 공원 안에 도서관도 있는 살기 좋은 동네다. 공원 조용한 곳에 자리 잡고 앉아서 그가 살아온 얘기를 듣는다.

그는 열정적으로 빠르게 말한다.

독자(68세)는 젊을 때, 안 해 본 일 없이 다 하면서도,

이사 가는 동네 도서관의 문학 책은 거의 탐독했다고.

딸이 여럿이나 다 시집가고 홀어머니 모시고 살다 돌아가시고, 지금은 혼자 산다고.

그는 당당하다. 자기는 의성(義城) 김 씨라면서 임진왜란 때, 의성 김 씨 의병장들이 많이 나왔다고도.

그와 만나는 두 시간 내내 말 한마디 제대로 못하고 그 앞에서 기가 죽은 나. “제가 밑바닥 일은 안 해 본 일 없이 다 해 봤어요. 손 좀 보세요(손가락 몇 개가 굽어 있다). 선생님 너무 정신없이 살다보니, 눈이 침침해지고 이가 빠지더라고요.”

그 나이에 이가 많이 빠져 있다. 그걸 본 나는 더 기가 죽어서 점점 더 오그라들고… 내 약점은,

‘세상에서 안 해 본 일이 너무 많다는 것.’

헤어질 때 나는 최소한의 염치라도 있어야 했다.

쑥떡 사 오라고 했으면 떡값이라도 드리고 가야지,

쑥떡 값으로 아주 조금 드리고 왔다.

내 삶을 재정비해야 할 때

며칠 전, 안 해 본 일 없이 다 해 봤다는 어느 독자를 만났다. 그렇게 가혹하게 일만 하고 살다 보니, 나이 들면서 눈이 침침해지고(치료됨) 이가 거의 빠져서 음식도 잘 못 먹어 소화 불량이라는 독자. 나는 그를 똑바로 바라보지 못했다. 그에게 빚진 죄인 같은 심정으로 내내 앉아 있었다.

'내가 편안히 살고 있는 동안에 당신은 혹독하게 밑바닥 일만 하고 살았구나.' 봄꽃 보러 갔는데, 봄꽃은 눈에 들어오지 않아 못 보고 그와 일찍 헤어졌다.

그때, 내 몸도 안 좋아 그를 더 감당할 힘도 없었지만 왜 그를 똑바로 쳐다보지 못했을까? 고통, 고난의 삶을 산 자의 당당함 앞에서 그리 못 산 자의 주눅 들음이다. 새벽 4시에 일어나 삶은 계란 둘 먹고 교회 가서 새벽기도 하고 일터로 가서 아파트 한 동, 다 청소하고. 그렇게 지독하게 일하다 보니 몸이 망가지고… 이런 독자를 만나고 오면서, '내 삶을 재정비해야 한다.' 재정비의 첫 번째 일은 그에게 틀니 값, 보내는 일. 내 동생이 틀니 값 흔쾌히 그에게 보내드렸다.

별장보다 더 좋은 선물은

4월, 벚꽃이 한창인 날, 오랜만에 '서울대공원' 가는데 청옥 님과 동행이다. 약속 장소인 대공원 2번 출구에서 두리번거린다. '여기서 가장 멋진 여인을 찾아라.'

곧 색동 배낭에 겨자 빛 봄 점퍼 입은 그와 만나, 인파를 피해서 진달래가 피어 있는 한적한 산모롱이 쪽으로 간다.

걷는데, 청옥 님이 얘기한다. "…우리 결혼 때는 별장 해 준다는 게 선물이었어요. 하늘의 별도 달도 따다 준다고 할 때지요. 그런데 우리 남편은 아무 말도 안 해요, 내가 물었지요. '남들은 결혼하면 별장 선물할 거라고들 하는데 당신은 왜 아무 말도 안 해요?' 그러자 이 말을 해요. '당신 맘고생은 안 시킬게.' 지금까지 맘고생은 안 시켰어요."

"정말 훌륭한 멋있는 남편이네요. 인생이 뭐라는 걸 아시는." 청옥 님은 지금도 봄날 새잎처럼 새뜻한 데가 있다.

남편이 맘고생 안 시켜서 그럴까? 그는 맑게 여리면서도 남을 섬기는 귀한 데가 있다. 남편에게 '내 아내 맘고생은 안 시켜야지' 하는 애정을 우러나게 하는 여인이다.

당신은 사람을 선대할 줄 아는 여인

청옥 님과 서울대공원에 다녀온 뒤, 사흘이나 지났을까?

청옥 님이 문자로 보낸 안부 겸 소식이다. "…그날 무리하셔서 피곤하셨지요? 제가 잘 살피지 못해서 미안합니다…"

"그날, 전혀 안 피곤했고요. 오늘도 동생과 대공원에 다녀왔습니다. …그날 헤어질 때, 사당역(지하철)에 내려서 곧장 가시지 않고, 잠깐 안 보이게(제가 마음쓸까 봐) 비켜서 있다가 차가 떠날 때, 나타나 차 안의 저를 배웅하시던 모습은 특별한 감동으로 안고 있습니다. 당신은 사람을 선대(善待)할 줄 아는 여인입니다.

그리고 그날, 대공원 같이 걸을 때, 전에 일하던 당신 아파트 청소부 아주머니가 전화했지요. 무얼 가지고 당신 만나러 온다던가. 그때 그의 전화 받는 당신 목소리가 반가움과 기쁨으로 넘쳐서 꼭 다정한 친구에게 하는 목소리였어요. 당신은 그만 둔 아파트 청소부 아주머니하고도 교제하시고… 연약한 이웃과도 친구 되어 주시는,

저를 많이 부끄럽게 하는 분입니다."

몸이 기억했다가, 몸이 움직인다

4월 12일 벚꽃 흐드러진 아침, 동생 전화다.

"언니 산에는 못 가도 평지는 걷는다니, 오늘은 대공원에서 만나 좀 걸을까?" "그러자."

동생과 만나서 걷고, 동생 집까지 가서 차 마시고 돌아올 때다. 동생은 손녀 데리러 월드컵경기장 쪽으로 가고, 나는 삼각지 쪽이라 헤어져야 한다.

나는 누구와도(?) 헤어지기는 싫은 사람, 지하철 유리창 밖으로 시선을 보내고 있다, 동생은 곧 자기 목적지(나의 반대 방향)를 향해서 갔는지 안 보인다. 동생이 없는 창밖을 무심히 보고 있는데 차가 떠난다. 그때 동생이 나타난다.

놀란 내가 손을 흔든다. '아까 동생에게 청옥 님 얘기했더니, 그 얘길 동생 몸이 기억했다가, 몸이 움직이는가?'

소소한 일상에서 예기치 않은 기쁨이다. 허나 '예기기 않은 기쁨'은 가끔이어야지 늘 있으면 심상해진다.

청옥 님이나 동생의 배웅은 '그날 한 번으로 족하다.'

바쁜 세상, 빨리 자기 일하러 가야, 보내는 내 맘도 편안.

저는 허술함이 매력입니다

오늘 대공원에 동행한 책 많이 읽는 독자가 점심 해 가지고 왔다. 독자는 내가 안 본 책 3권도 배낭에 넣고.

아직 젊은(62세) 그는 책을 사 보기 위해서 가끔 아르바이트도 하는, 독서가 생존의 한 방편인 여인.

대공원 호수가 바라보이는 벤치에 앉아 점심으로 드는 찰밥에 곁들인 배추김치 맛이 좋다. 내가 그에게 김치 잘 담근다고 하니,

"저는 잘하는 게 하나도 없어요."

내가 보기엔 김치도 잘 담그고, 강화도 어디에서 찹쌀과 현미도 1년 먹을 것 사 둔다는, 살림에도 규모가 있다.

그날은 포근한 봄날, 날씨 좋고 점심 좋고… 그렇기만 하면 뭐 할 것인가. 거기에 지적이고 영적인 대화가 있어야지… 그가 점심 들 때, 갑자기 "저는 허술함이 매력이어요."

이 신선한 말 한마디— 그 시간이 새롭게 살아난다.

세상에서 제일로 오래오래 세월이 가도 새로운 건 무엇일까? 예수님 말씀뿐이라고 한다.

"그 때에 베드로가 나아와 이르되 주여 형제가 내게 죄를 범하면 몇 번이나 용서하여 주리이까 일곱 번까지 하오리이까 예수께서 이르시되 네게 이르노니 일곱 번뿐 아니라 일곱 번을 일흔 번까지라도 할지니라"(마태복음 18:21~22 무한히 용서하라는 말씀)

"너희 중에 누구든지 으뜸이 되고자 하는 자는 모든 사람의 종이 되어야 하리라 인자(예수님)가 온 것은 섬김을 받으려 함이 아니라 도리어 섬기려 하고 자기 목숨을 많은 사람의 대속물로 주려 함이니라"(마가복음 10:44~45)

이런 말씀이야말로 세상 가치관에 반대가 되는 새로운 말씀이다. 내게 잘못한 사람을 어떻게 무한히 용서할 수 있으며, 누가 자기 목숨을 남의 대속물로 바칠 수가 있겠는가. 이런 예수님의 말씀이야말로 영원히 새롭고도 새로운 말씀이다.

4부

아아, 그 20만 원

어느 친구(84세)의 독립

한 친구가 며칠 전, 지방에서 과천으로 이사 왔다.

80대 초반에 오래 살던 고향 떠나 멀고먼 타향 과천으로 이사 온다는 건 용단이다. 자녀들, 친구나 이웃이 '그 나이에 어떻게 혼자 살려고 가느냐?'고 하면 친구 대답은

"독립하려고."

그 연세에 독립이라는 말이 의미심장하게 들린다.

'…처녀 때도 월급 타면 부모님 다 드렸고, 결혼해서도 네 자녀 다 길렀고…' 남편 얘기는 안 하나, 그는 남편 돕는 배필로 한 아내의 삶도 누구보다 훌륭하게 충실하게 살았다.

이제 남편 먼저 보내드리고 자녀들, 친구, 친지들 떠나 독립해서 무한정한 자유로움 속에서 조용한 노년 생활을 하고 싶다고… 그의 예술에 대한 그리움이 그의 노년을 의연히 지켜 줄 것이고, 그의 주님에 대한 믿음이 그를 평안히 안위해 주리라 믿는다.

'그의 독립을 위하여'

나는 그를 더 멀리 할 수밖에 없을 것 같다.

일혜랑 가까이 살게 되어서 좋아

며칠 전 과천으로 이사 온 친구에게 내가 찾아가겠다고 전화한다. 그는 혼자 조용히 있고 싶어서 꼭 알릴 사람에게만 알리고 이사 왔다고, 내게도 알리지 않았다. 당분간 조용히 지내겠다는 그의 강인한 의지의 단호함이다. 그런데, 내 책 잘 받았다고 내게 전화한 다른 친구가 알려준다.

"…지금 이사 가고 있을 거다."

혼자 있고 싶어 한 그의 뜻을 모르는 내가 반가운 마음에 불쑥 그에게 전화하고 오늘 간다고 하니, 그래도 자기 집 주소를 문자로 보내준다.

전화하고 찾아가겠다고 하는 나를 거절 못하고 내게 예의까지 갖춰서, 글 한 구절 보냈다.

"일혜랑 가까이 살게 되어서 좋아."

백 마디의 말보다 이 한 줄의 글이 말을 다 하고 있다.

작가는 말로 안 하고 글로 쓴다.

글에 담은 말이 오래 간다.

하나님 말씀을 글에 담은 성경. 인류가 가장 많이 보는 책.

혼자만 있고 싶은 늙은이를

친구가 며칠 전, 과천으로 이사 왔다.

그는 오늘 오후에 건조기 봐주러 사람이 오고, 관리실에도 가야 하는 분주한 일정 속에서도 나를 맞이한다.

4호선 지하철역 과천종합청사 11번 출구, 11시.

에스컬레이터 타고 올라가는데, 친구가 보인다.

인자한 외국 할머니? 아무렇게나 입은 것 같아도 색과 모양이 조화로운 멋이 있다. 요 근래 서울에서도 못 본 할머니 인상이다. 뽀얀 얼굴에 잔잔하게 흩어진 파마머리는 자연스런 지성미, 영혼의 깊이를 느끼게 하고.

"그림, 언제나 그리움" 그의 화집 제목이 말해주듯,

그의 옷차림은 평범한 것 같으면서도 평범하지 않은 미로 나를 즐겁게 한다.

그런데 친구는 '혼자만 있고 싶은 늙은이를…' 한다.

그의 노년을 내가 침범한다는 뜻도 있으나, 그래서 더욱 멋이 있다. 글이나 그림이나 고독 속에서 깊어지는 예술.

그의 고독을 침범하는 무례를 저지르지 않으려고 한다.

고독이 좋지만 사람이 좋기도 하네

과천 친구가 그의 애완견 산삼이와 내가 같이 찍은 사진과 글을 보냈다. 보낸 시간이 6시 3분, 나도 답글 보낸다.

"보내준 산삼이와 같이 찍은 사진, 고마워.

그날 급습하다시피 간 무례함을 자책했는데, '다녀가 주어서 고마워'란 자네 글로 안심이 되네.

혼자 오래오래, 몇 년이라도 혼자 있고 싶음은 예술가의 소망인가 봐… 침잠, 침잠, 깊이 침잠해서— 80 몇 년 간 묻어두었던 자신을 찾소. 그러나 고독이 좋지만 사람이 좋을 때도 있네… 사람은 참 신비한 영감을 주네. 창작의 원천이신 창조주 하나님의 자녀라 그런가. 사람은 다 영물(靈物)이고, 나는 그 영물이 주는 영감 찾아다니는, 작은 사람.

그러나 어느덧 사람 만나는 것도 삼가야 할 나이. 자네나 나나 주님을 골방에서 만나야 하는 고독의 시기 아닌가."

"범사에 기한이 있고 천하 만사가 다 때가 있나니 날 때가 있고 죽을 때가 있으며 심을 때가 있고 심은 것을 뽑을 때가 있으며"(전도서 3:1~2)

김 선생님께 무슨 선물 드릴까

요즘 몸이 약해져서 가끔 무섭게 아프신 정죽 님(88세)께 안부 전화드리니, 받는다. "…어제부터 좀 일어났어요… 우리 김 선생님(내 남편)한테 선물 보내야 할 건데, 어째야 할까. 계속 그렇게 책을 많이 보내주시고… 가슴이 얼얼해서…"

"선물은 무슨, 책 받아서 잘 읽어주시고 주변 분들과 나누시는데… 잘 읽어주시고 나누는 그 이상 선물이 어디 있겠어요. '책 받으면 가슴이 얼얼해서…' 그것이 선물이어요. 더 좋은 선물은 없어요."

몇 해 전 나는 이런 고귀한 선물을 동탄 임진숙 님 전화 목소리로 받았다. "제가 이 나이(92세)에 기일혜 선생님 글을 읽고 하나님 앞에 가게 돼서 만족합니다. 신 목사님(나를 그에게 소개) 아니었으면 어쨌을까 했어요… 이게 꿈이야 생시야, 기 선생님하고 전화하다니… 오늘은 여기까지입니다. 안녕, 안녕, 안녕…" 나, 기일혜 작가라는 상대성을 떠나, 그 고령(92세)에 사람에게 그런 마음을 갖는다는 건 어떤 경지에 이른 인격체라고 생각한다. 성스러운 느낌마저 드는.

여섯 친구에게 캔슬(취소) 당하고

5월 3일 나뭇잎 푸르고 하늘 푸르고 햇빛 좋은 날.

오늘은, 글 쓰고 책 읽어야 하는데, 새벽부터 글 쓰고 진액이 다 빠졌는지 어디 맑은 숲속으로 나가 시원한 공기 좀 마시고 싶다. 그래서 여러 사람에게 전화한다.

동생— 전화하니, 다른 동생과 같이 아차산 간다고. 지금 출발해서 가는 중인데. 길이 언덕져서 언니는 힘들어 안 돼… 동생 친구인 양재동 독자— 책 잘 읽었다는 글이 금방 싱싱하게 와서 그를 만나고 싶었으나, 나를 혼자 만나기 버거운 듯, 동생과 같이 만나자면서 꺼리고.

월드컵 경기장 근처 사는 '왕 권사'도 지금 어디 간다 하시고, 친구 백 선생도 약속 있다 하고, 청옥 님도 인천 독자도 약속 있다 하고… 모두 여섯 사람한테 버림받고(?).

그래서 이웃에 있는 내 꽃밭으로 갔다. 세상에 이런 꽃밭을 두고, 내가 어디를 헤매려고 했을까? 불쌍한지고!

이 꽃밭에 가, 꽃밭 주인(하나님) 만나고 관리인(꽃 선생님) 만나라고, 내 길 다 막으셨구나.

어린이날, 어버이날 앞두고 싱싱한 꽃들이 가게 안팎으로 가득. 옆에다 보배 놔두고 어디로 가려고 했을까?

꽃밭에 앉아서, 박 선생님이 주시는 커피 마시고… 얘기 나누는데, 그가 말씀하신다. "내가 이번 책(47집) 읽고 나서, 선생님 남편과 인터뷰하고 싶었어요.

첫 번째 질문은— 선생님(기일혜)과의 삶이 행복했습니까?

두 번째 질문은— 선생님을 사랑하십니까?

내가 묻고, 내가 대답했어요.

남편 대답은 '힘들었습니다.' 할 거 같고,

'아이를 물가에다 내놓은 것 같았습니다.'

그리고 사랑한다고도 할 것 같아요."

"사랑한다고요? 그런 말은 안 할 것 같은데요."

남편 마음이 대천(大川) 만 바다 같아야 이런 나를 사랑한다고 하겠지. 보통 사람 마음으론 어려울 것. 그러나 나는 젊어서도 말했고 지금도 말한다. 주님 앞에 가서 맨 처음 드릴 말씀은 '좋은 남편 주셔서 잘 살다 왔습니다.'

남편이 나를 어떻게 말하든 상관 않는다.

부부의 사랑도 내겐 상대성이 아니니까. 그가 어떻게 생각하든지 그는 내 보호자요 가장이니까. 내게 가장 잘 맞는,

주님이 짝 지어주신 내 편이니까.

작가의 고집

내 수필집 낸 지가 어언 30년, 그 동안 여러 편집실장과 일했다. 그 중에 기억나는 초기의 편집실장님.

한번은 그가 작성한 내 수필집 광고문을 읽어준다.

그 광고문 중에, 내 맘에 안 든 구절이 있다.

"… 기일혜, 한국의 미우라 아야코…"

일본의 세계적인 유명 작가 미우라 아야코, 그의 이름을 빌려 나를 홍보하는 문구다. 나를 위해, 광고 효과 내기 위한 구절이나 나는 분연히 삭제를 요구. 나는 누구 훌륭한 이의 아류가 아니다. 감히 그런 작가, 따를 수도 없지만.

부족한 대로 나는 나. 유치하고 어리석은 나, 유명인 의지해서 알리려는 과대 광고문은 단호히 거부. 이 고집?

남들은 '지가 뭐 잘났다고' 할지 모르나,

이건 창조 질서에도 어긋난다.

주님은 사람을 다 다르게 만드셨다. 누구는 잘 만드시고 누구는 그보다 못하게 만드시지 않았다. 부족하더라도 아주 다르게 독특하게 이 세상에서 오직 하나뿐이게 만드셨다.

그대를 안 찾았으면 어쩔 번했을까?

한 독자가 몸 아프다면서 소식 없기에, 내 글도 안 좋아하나보다 하고 내 책도 안 보내고. 그렇게 10여 년 세월 지나, 그 착했던 옛 모습 그리워 조심스럽게 전화해 봤다.

반갑게 받는 그와 통화하고 나서 생각한다.

'아아 내가 그를 안 찾았으면 어쩔 번했을까?

고귀한 사람 하나 잃을 번했구나…'

그 독자의 시어머니는 가끔 며느리인 독자에게 말한다.

"너는… 박속 같이 희기만 하면 뭐 하냐?…"

며느리가 세상 살아가는 요령이 전혀 없다는 말씀.

적당히 거짓말도 하고 변명도 할 줄 알아야 하는데.

그러나 그 시어머니, 뭘 모르시는 말씀. 요즘 시대도 '정직은 최고의 재능' '박속 같이 희고 연하고 부드러운 마음'은 지고의 재산. 그 독자는 주님 주신 지혜까지 있는 여인이다.

그런 여인은 옆에만 있어도 사람들은 살아갈 힘을 얻는다. 주변이 정화된다. 나는 다시 한 번 말한다.

'그를 안 찾았으면 어쩔 번했을까?……'

그분이 있는 것은 우리 교회 복이지요

시골 동생이 다니는 교회에 내 독자가 있다.

그 독자와 일이 있어서 통화하게 되었는데,

내가 동생 안부를 물으니, 이런 말도 한다.

"…그분(동생)이 있는 것은 우리 교회 복이지요."

동생이 어떻게 살기에, 같은 교인의 입에서 저런 말이 자연스럽게 나올까?

나도 동생이 존경스러워지면서, 동생을 다시 생각한다.

다른 동생이, 우리 딸들 중 '가장 착하다'고 하는 그 동생. 몸이 약하다. 가장 착해서 가장 몸이 약하나?……

그 곱고 착한 성품 세상 기대지 말고,

나— 주님만, 하나님 아버지만 기대고 살아가라고 몸이 그렇게 약하나… 사랑하는 동생아,

지금은 새보리 나는 초여름이다.

새보리밥에 풋고추, 된장, 상추쌈 먹고 건강해져라.

내게 세뱃돈 준 사람 한 사람도 없어

아들이 오랜만에 와서 남편과 내게 용돈을 준다.

매달 용돈 보내주면서도 또 준다.

내 책 관계로 남편에게 돈 많이 쓰게 한 게 늘 미안해서, 누가 주는 돈, 남편에게 다 드리는데, 이번엔 내가 꼭 드려야 할 사람이 있다. 그 용돈, 받자마자 떠오르는 두 사람.

남편에게 이번 용돈, 내가 써야 한다,

양해 구하고 젊은 친구에게 전화한다.

그날이 1월 2일이라, "내가 내일 만나서 세뱃돈 좀 드리고 싶은데, 당신 친구랑 두 분에게." "그래요. 연락해 볼게요."

이렇게 해서 천정 높고 환기 잘 되는 B 식당에서 만나 같이 점심 든 후, 아들이 준 것에 조금 더 보태서 세뱃돈 드리니 젊은 친구가 말한다.

"아직까지 누구한테서도 세뱃돈 안 받아봤어요."

이런 귀한 말 어디 가서 듣나?

'내년에도 세뱃돈 드리고 싶구나…'

설날, 남편이 자손들에게 세뱃돈 주는 걸 볼 때마다 나도 받았으면 하나, 남편은 내겐 안 준다. 만 원 한 장이라도 주면 좋으련만. 언제나 아쉬움으로 남는 남편이 세뱃돈 주는 설날. 그러면서 내가 그렇게 돈 좋아하는 사람인가, 자문해 본다. 하긴 돈 모르는 사람에겐 돈이 아주 귀할 수도 있다. 그러나 내가 세뱃돈 바라는 건 내가 철저하게 무능해서,

남편 돈 주는 손끝만 바라보고 살기에 그런 것도 같다.

그때마다 남편은 왜 당신에게 세뱃돈 주느냐? 당신이 애냐? 하지만, 나는 남편에게도 세뱃돈 받고 싶은 마음 어린아이다. 아니, 어린아이로 살고 싶다. 왜 그럼 안 되는가?

아내인 나는 남편에게 보호받고 양육 받아야 할 피부양자요 피보호자, 어느 땐 어린아이나 같다. 성경 에베소서 말씀에 근거해서 하는 말이다.

"누구든지 언제나 자기 육체(아내)를 미워하지 않고 오직 양육하여 보호하기를 그리스도(예수님)께서 교회에게 함과 같이 하나니"(에베소서 5:29)

대학 교육보다 더 중요한 성경 교육

"예일대 총장을 지낸 펠프 박사는 이런 말을 해요.

'나는 대학 교육이 얼마나 중요한지 잘 알고 있습니다(예일대 총장이었으니까). 그러나 성경 교육이 없는 대학 교육보다— 대학 교육 없는 성경 교육이 사람을 훨씬 더 위대하게 만듭니다.'"

대학 교육, 그 위에 성경 교육이 있다는 말씀이다.

그 목사님은 또 이런 말씀도 하신다. "사람이 어떤 처지에 놓여 있는지는 문제가 되지 않습니다. 어떤 처지에서든 예수님 가르침대로 살기만 하면— 그게 곧 전도입니다."

세상 사람들도 날마다 성경을 본다고 한다.

"살아서 걸어 다니는 성경"인 내 삶을 날마다 보면서 산다고… 그러니까 내가 곧 살아서 걸어 다니는 성경책이다.

세상 사람도 날마다 기일혜,라는 성경책— 내 삶을 본다. 그러므로 내 삶이, 안 믿는 사람들에겐 성경이요 전도.

그러므로 내 강의 주제는 언제나 같다.

"하나님 말씀을 내 몸으로 살기"

변화는 내 창작의 시작이다

내 방, 청색 소파 한쪽엔 르누아르의 '머리 빗는 소녀' 액자가 놓여 있다. 거실 벽에 있던 걸 소파로 옮겨, 가까이서 늘 본다. 볼 때마다 내가 신선해진다. 고도로 우아한 소녀의 자태, 그 미감(美感) 속으로 내 정서가 잦아든다.

소파 한 구석엔 손녀가 좋아하던 갈색 삽살개 장난감. 애가 장난감 놀이에서 벗어날 무렵, 며느리에게 그걸 달라고 해서 얻어온 것. 장난감 강아지는 일 년 열두 달 계속 나를 정면으로 보고 있다. 지루하다.

며칠 전 그 강아지를 옆으로 보게 앉혔더니, 토라진 듯, 옆모습이 새롭게 귀엽다. 사소한 것이라도 변화는 새로움, 창작의 시작이다. 김장김치, 샐러드 김치로 담그는 것도 내가 일상생활의 변화를 시도해 보는 것.

주님은 지금도 우리에게 말씀하신다. 기도만 말고 성경만 읽지 말고 일어나 살아라. 나가서 예수님 가르침대로 한번 살아봐라! 실수하든 잘못하든 부딪혀 봐라! 움직여라! 내가 책임진다.

생명의 이정표인 예수님의 산상수훈은 7, 80%가 일상생활을 말씀하신다고 한다. 그만큼 일상생활이라는 삶이 중요하기에. '사랑은 어마어마한 것 아니고 작은 일에 참는 것.'

그 작은 일은 곧 내가 매일 사는 사소한 일상—

일상은 같은 것 같으나 섬세하게 다 다르다. 새롭다.

널려 있는 일상을 하나님께 예배하듯, 그런 마음으로 새롭게 살다 보면, 그 삶 속에서 영감을 내려주신다.

영감의 원천이신 창조주 하나님이 영감을 주신다.

작은 일을 큰 사랑으로 합니다

지하철 2호선, 왕십리 쪽으로 가다가 신당역에 내리면 내가 다니는 S치과가 있다. 어느 날 치과 대기실에서 의사 선생님 두 분 사진과 글이 적힌 대형 액자 같은 걸 발견한다.

치과는 늘 긴장된 방문이라 주위를 살필 여력이 없었으나, 그날은 치료 마치고 앉아 있는 내 눈에 보인다.

가까이 가서 자세히 보니 이런 문구다. "우리는 큰일을 하지 않습니다, 그러나 작은 일을 큰 사랑으로 합니다."

간결하나 여운이 남는 문구다. 환자 진료라는 큰일은 물론이고 작고 사소한 일이라도 사랑으로 잘 하겠다는 약속—의료 소도구 한 개라도 위생적으로 소독하고 관리하는 그런 작은 일 하나까지도 소홀히 않고 청결하게 잘 하겠다고.

하지만 작은 일 잘 하기가 더 어렵다고 한다.

그러나 큰일은 물론, 소소한 일도 생명에 대한 큰 사랑으로 잘 하겠다는 의사 선생님들의 다짐은 반갑기만 하다.

이렇게 공개 약속하고, 진료하는 의사 선생님들이 있는 치과는 믿을 수 있다고 생각한다.

너는 오지 마라!

오빠와 나와 동생이 만나는 날(2020년) 이틀 전에 오빠가 내게 전화한다.

"너는 모레 오지 마라! 너는 약해서… 조심해라(코로나)."

"오빠 거기가 어디야."

"운길산이다… 누워 있으니 따뜻하다."

"어디에 누웠어요. 의자요…?"

다음날, 나는 동생에게 전화해서 내일 만남에 못 간다고 알린다. "니 내일 못 간다. 오빠가 오지 말라고 하더라, 조심하라고,"

"오빠한테서 벌써 나한테 전화 왔다고, 일혜 언니 못 온다고." "그래 벌써, 용의주도하시구나."

"…우리 오빠 참 멋져. 일혜 언니가 보기도 멋진가, 어쩐가 한번 들어 봐. 오빠가 주중에는 꼭 서리풀공원(서초동) 가고 토요일엔 운길산 간대… 오빠는 현실 문제만 아니라 인간의 길을, 그것까지도 생각하면서 살아… 오빠가 뭐라고 한 줄 안가(아는가). 내가 죽음이라는 목적지를 향해서 한 발짝 두 발짝 가고 있는데, 언젠가는 거기 갈 텐데, 이런 목적지(운길산 어느 지점)까지 가려고 애쓰고 꼭 그럴 필요가 있나 하고 돌아와 버렸다네. 죽음이라는 목적지에 비해서 작은 목적지에 매달리는 건 대수롭잖다는 거지."

"그래 오빠는 합리적이고 이성적인 고도의 멋이 있어."

"…어제 재숙 씨하고 소래포구 갔어. 호떡에 커피 들고 소래포구(주변 길)를 걸었지… 내일, 오빠 드리려고 횟감도 사고… 회만 있으면 썰렁하니, 동대문에서 ○○언니 만나서 경동시장에서 산 돼지고기로 수육도 만들고…"

"오빠도 멋있지만 너도 참 멋있다."

세계 3대 천재인 스베덴보리

어제. 동생 만났을 때, 아이들을 잘 가르치는 모범 교사였던 동생이 해준 이야기다.

"…1학년을 담임했는데, 한글은 다 읽게 해서 올려 보내야지(2학년으로) 하고 열심히 가르치는데… 한 아이만 몰라. 이름도 안 잊어버리네, 박○○라고… 한번은 박 선생(그 애 2학년 담임)이 나를 오라고 하더니, 그 애 이야길 하는 거야. 책을 못 읽어서… 그래도 '아는 대로 한번 읽어 보세요.' 하니까 그 애가 책 들고 서서 읽는데, 뭐라고 읽느냐면,

'아는 대로 한번 읽어 보세요.'

박 선생이 말한 대로, 따라서 읽더라네…"

세상적으로 들으면 웃을 일인지 모르지만,

나는 동생에게 그 아이 얘기 들으면서 순간, 그 애 엄마의 슬픈 얼굴이 떠올랐고 곧 이어서 어느 분에게 들은 천재 스베덴보리 말이 떠오르면서, 이 말로 그 애 엄마를 위로하고 싶었다.

"천국에서는 가장 낮은 사람이 가장 위대합니다. 스스로가 아니라, 스스로의 능력— 그런 것이 아니라 오직 주님으로부터만 능력과 지혜를 받고, 또 받기 원하는 사람을 가장 낮은 사람이라고 하기 때문에 가장 낮은 사람이 가장 행복한 사람입니다.

그리고 또, 이 가장 행복한 사람이 가장 위대한 사람입니다."

반에서 가장 공부 못하고, 2학년이지만 한글도 모르는 그 애— 공부 가장 못하는 가장 낮은(?) 그 애가 천국에서는 가장 위대하고 가장 행복하다고 할 수도 있다… 그리고 천국은 죽어서만 가는 곳 아니고 이 땅에서도, 내 마음 속에도 천국은 있으니까, 이 땅에 살면서도 내 마음속에 그런 낮아진, 비워진 마음을 품고 살면— 그 사람은 가장 위대하고 행복한 사람이다.

하나님 말씀(성경)은 세상의 기존 가치관을 뒤엎는 새로운 말씀이다. 그래서 하나님의 별명은 '만물을 새롭게 하는 분'이라고 한다.

그 사람의 독후감은 그 사람 작품이다

내 가까운 친구에게 스마트폰 문자로 이런 글을 보냈다.

"…사람들의 독후감은 사양하고 있습니다. 하나님의 독후감이 궁금한 시기에 이르렀습니다."

이 글을 아침 일찍 보냈는데, 그 친구가 그 글 받고 묵상기도하는데, 하나님이 이런 생각을 주시더라고 내게 말한다.

"…그 글 내가(하나님이) 쓰게 했는데, 내가 무슨 독후감을… 작가님이 늘 말씀했잖아요. 내 글은 내가 쓴 게 아니라고, 하나님이 쓰게 해서 쓴다고…"

그러고 보니, 내가 자가당착에 빠진 느낌이 든다.

내 글은 주님이 쓰게 하셨지, 내가 어떻게 그 많은 글 쓸 수가 있나? 주님이 사람 만나게 하시고 소재 주시고, 때로는 상대의 입을 통해서 내가 쓸 글을 말로 다 들려주셨는데, 무슨 독후감이 있으시겠나, 하는 생각이 들기도 한다.

앞으로는 독후감 사양한다는 말도 말아야지—

독후감은 그 사람이 내게 보낸 편지, 그 사람 작품이다.

주시든 안 주시든 나는 감사하면서 살아야 한다.

이런 집주인은 누구일까?

4천만 원 보증금에 월 25만 원.

교통 좋은 서초구 내방역 주택가, 반지하 방 3개의 한 달 월세다. 이렇게 괜찮은 조건의 방을 시세보다 월등히 싸게— 무려 19년 동안이나 월세 안 올리고 그대로 받은 집주인이 있다. 얼마 전 그 주인 집이 팔려서 그 세 살던 이가 이사 갈 때, 서른이 넘은 그 집 딸이 와서 주인에게 하는 말,

"내가 중학교 3학년 때부터 여기서 살았어요."

주인은 경제적으로 어려운 때도 월세 올리지 않고… 세 사는 남자는 아내 먼저 보내고, 수입도 변변찮았다.

그날도 비싼 포장 이사 못하고 이사 가는 사람이 짐 싸서 하는, 값싼 트럭 이사하면서, 싸기 힘든 큰 짐 3개는 주인에게 버려 달라고 부탁. 주인은 흔쾌히 돈 내서 버려 주고.

그러고도 세 살던 사람 이사 갈 때 집주인은 점심이라도 사 먹으라고 10만 원 주고… 이런 주인은 누구일까?

집주인도 자기 이름 밝히기 아주 싫어하니,

하나님만 아실 것.

고창 친구와 순창 친구

고창은 내 고향 장성 서삼면에서 바로 가까운 지방이고 순창은 증조부님이 살았던 곳이다. 그래서일까? 고창 친구(매원 님) 순창 친구(수정 님)가 가깝게 느껴진다.

어제 서울대공원으로 독자 매원 님이 친구 수정 님과 같이 왔다. 그들과 즐겁게 하루 보내고 헤어질 때, 수정 님의 말이다. "선생님 오늘, 행복했습니다."

그는 돌아가서 내게 이런 글도 보냈다.

"…오늘은 내 생애 가장 행복한 날이라고 고백하고 싶을 정도로 아름다운 날이었네요. 예수님 안에서 자유함을 누리는 선생님의 삶을 보았고. 보여지는, 세상적인 환경과 여건보다는 영적인 세계의 기쁨을 보았습니다… 벌써부터 그리워하고 또다시 뵙고 싶다는 마음이 자리를 잡았네요.

주신 책은 복음을 전하는 데 사용하겠습니다…."

"아이그 글도 잘 쓰셔라. 제 영혼의 뜨락(뜰) 한편에 수정 님이 살포시 내려앉으시네요."

노란 참외 3개가 일을 한다

10여 년 전, 서울 교외에 있는 독자 매원 님 댁에 갔다.

그때 근처에 사는 독자 수정 님이 나를 만나러 왔다.

참외 3개 가지고. 노란색이 짙고 크고 튼실한 참외, 그 노란색이 지금도 내게 생생하다. 오늘 매원 님에게 빌린 책 반환하려고(그는 내게 책 빌려 주는 이동도서관?) 만나자고 하니, 수정 님 만난다고. 그때 수정 님의 '노란 참외'가 생각나서 나랑 같이 만나자고 해서 셋이 만난다.

가게에 쌓인 참외는 그냥 참외, 그 참외에 마음이 담기면, 내 속으로 들어와 살고 있다. 그날 냉장고에서 금방 꺼내온 참외가 차가웠는데, 그 찬 기운이 10여 년 지난 지금도 느껴진다. 그날의 참외 3개가 오늘 일을 한다.

냉수 한 그릇에도 대접하는 이 마음이 담기면 주님도 기억하신다. "또 누구든지 제자의 이름으로 이 작은 자 중 하나에게 냉수 한 그릇이라도 주는 자는 내가 진실로 너희에게 이르노니 그 사람이 결단코 상을 잃지 아니하리라 하시니라"(마태복음 10:42) 참외에 담긴 수정 님 마음, 나도 잊지 않고.

음식만 진수성찬이면 뭐해

젊은 날, 내 어머니가 보낸 호박고지, 토란대 말린 것.

어머니가 밤늦도록 토란대 갈라서 햇빛에 말려서 큰 자루에 꾹꾹 눌러서, 주체할 수도 없이 많이 보낸 토란대.

받아서 귀한 줄도 모르고 남에게 퍼주느라 애쓰던 시절이 있었다. 이제 늙어 입맛 없으니 그 시절 호박 나물, 토란대 나물이 먹고 싶어진다. 그런 나물은 이제는 구하기가 어렵다.

토양도 공해로 찌들고 오염돼서 옛날 먹던 그 맛을 내지 못한다. 영양도 그때만 못하다 하고… 어제, 서울대공원에 오신 수정 님이 순창 친정어머님이 보낸 것이라고 연푸른 두릅에 초고추장도 만들어 왔다. "초고추장엔 꿀(설탕 대신)을 넣었어요."

그날 매원 님이 점심 준비해, 수정 님 승용차에 싣고… 순창 두릅이 있어 더 진수성찬인 서울대공원 소풍.

음식만 진수성찬이면 뭐해— 문학적 감성 있는 수정 님 얘기가 있고, 그걸 잠잠하게 들어주는 조용한 독서가 매원 님이 있어, 점심에 오고간 우리 대화도 진수성찬이 된다.

칭찬도 짐이 된다

얼마 전 코피가 멎지 않아서 동네 이비인후과에 다녔다.

병원에 막 들어서면 수간호사 님이 "기일혜 님 오셔요." 환자 이름을 어떻게 기억하고, 좋은 언니같이 반겨주니, 마음이 놓인다.

며칠 째 치료받던 날, 의사 선생님은 내게 말한다.

"학교 다닐 때 공부도 잘했지요 모범생이고,

일등만 하시고…"

나는 침묵한다… 그러면서 속으로는 이런 대답하고 있는 자신을 보고 소스라치게 놀란다. '일등만 했나, 특대생(중학교)도 했지…' 내 교만은 끝도 없이 깊이 뿌리를 내리고 있구나… 한심이 아니라 통탄할 일. 사람이 뭘 좀 하면, 교만 안 하기가 이렇게도 어려운가.

의사 선생님이 어느 날은 이런 말씀도 하신다.

"남편이 애지중지하시네요. 내 친구 치과의사는 아내가 집에서 놀기만 한다고 구박만 해요."

나는 여전히 침묵하면서 듣기만 한다.

그러다가 오늘— 코로나 백신 4차 접종하러 그 의원에 가야 한다. 맘 편안히 갈 수가 없다. 칭찬받았으니 칭찬에 걸맞게 처신해야 할 것 같고… '아아 칭찬이란 좋은 것이 아니구나, 칭찬받으면 책임이 따르는구나.'

오늘 백신 맞으러 가서도 공부 잘 하는 모범생같이 행동해야 하고, 남편에게 하신 칭찬 비슷한 말씀도 걸린다. '남편이 아내를 애지중지하시네요….'

오늘 남편이 혹시 의사 선생님께 무례하게 비신사적으로 대할까 봐 괜히 마음 쓰이고… 칭찬이 좋기만 할까. 나 같은 사람에겐 짐 되고 마음 쓰이는 불편한 것. 그저 무심한 게 나을까. 그러면 또 심심하고, 역사가 일어나지 않는다.

사람이 나를 만나서 무심하면 내 맘도 무심,

정시되고 살아 있는 게 아니잖은가.

그렇다. 살아 있음엔 언제나 힘듦과 고통이 따른다.

고난보다 더 무서운 건 안일과 풍요

내가 아는 어느 친지에게 과년(過年)한 딸이 있었는데, 그녀가 결혼했다는 소식을 들었다. 그 뒤, 무슨 일로 친지가 내게 전화했는데, 그의 목소리를 듣고 깜짝 놀란다.

그 친지 목소리가 전과 판이하게 달랐다. 조심스럽고 단정하던 그의 목소리가 아니고 들뜨고 풀어진 듯(자기는 자기 목소리의 변화를 모를 것). 과년한 딸을 좋은(?) 사람한테 시집보내더니 목소리가 확 풀어졌다고나 할까?… 뭔가 걱정거리가 없어지고 일이 잘 되어가기에 그런 것인가.

사람이 안정되고 형통하면 매력이 없어지는구나. 목소리부터 다르구나. 느슨하고 헐겁고 뭔가 배부름으로 텁텁하고… 그래서 안심과 형통을 바라선 안 된다고 하는구나,

고난보다 더 무서운 건 "안일과 풍요"라는 말도 있다.

"너희 안일(安逸)한 여인들아 일어나 내 목소리를 들을지어다 너희 염려 없는 딸들아 내 말에 귀를 기울일지어다"(이사야 32:9). 편안함과 아늑함을 탐하는 내게도 하시는 말씀이다.

편안함, 아늑함이란 달콤함에서 벌떡 일어나야 한다.

세 아가씨의 꿈같은 봄날

오늘은 지하철 까치울역 3번 출구에서 두 친구와 긴 치마 입고 만나는 날이다. 오늘을 얼마나 기다렸는데… 어릴 때 설날을 손꼽아 기다리듯 기다리니, 날짜가 좀체 가지도 않더니 드디어 오늘이다.

우리 집 앞 지하철역에서 30여 분 지나 7호선 까치울역에 도착. 3번 출구 향해서 가는데, 대합실 출입문 열고 밖으로 나가야 출구(3번)로 올라가는 에스컬레이터가 있다.

사람들 따라서 출입문 지나자, 신선한 공기와 함께 신록의 푸른 냄새가 확 쏟아진다. 큰 대나무 밑으로 자잘한 신우대 나무가 샛푸르다.

'아니 여기가 어디야! 대나무 숲속으로 올라가는 에스컬레이터야?…' 에스컬레이터 투명한 덮개 밖으로는, 올라가는 높이에 따라서 계단식으로 심어놓은 푸른 초목들이 손에 잡힐 듯이 싱싱하게 나풀거린다.

'세상에 이렇게 아름다운 지하철역도 다 있네.'

올라가서 보니, 보도 옆 건물 사이사이로 우거진 나무숲이 오전 햇살을 받아 시원한 공기를 막 쏟아 붓고 있다. '아아 이렇게 좋은 곳이 있구나… 나는 오늘부터 까치울역 3번 출구를 사랑할 거야. 날마다 오고 싶을 거야… 50여 년 전 시집가던 날. 시댁 대문 앞에 섰을 때, 나무 울타리 위로 쏟아지던 4월의 햇살이 이랬었지… 그때나 지금이나 내 마음이 맑게 설레니까, 내리는 햇살도 이리 맑게 설레는가…'

약속 시간보다 10분쯤 미리 도착. 출구 옆 차도 변을 보니, 검은 외제 승용차가 우아하게 서 있다. 혹시 수정 님이 안에서 기다리나? 나도 우아한 몸짓으로 차 안을 살피니, 유리창은 썬팅해서 잘 안 보인다. 차는 이상하게도 나를 기다렸다는 듯, 한참이나 멈춰서, 나를 예우(?)하듯이 멈춰 있다가 조용히 사라진다…. 나는 마치 그 검은 승용차에서 내린 아가씨처럼 계속 우아한 몸짓으로 하늘을 올려다본다. 깊은 숨을 몇 번이나 쉬면서 부푼 감정을 가라앉힌다.

날씨가 온화하고 화창해서 나는 검은 재킷을 벗어 들고, 수정 님 차를 기다린다.

수정 님의 은회색 고급 승용차가 내 앞에 멎는다.

문이 스르르 열리고 아름다운 치마 차림의 두 아가씨들이 보인다. "…선생님, 작가님, 아름다워요…."

"제가 이 아름다운 원피스가 잘 보이도록 재킷을 벗고 있었지요." "하하하 하하하…"

세 아가씨를 태운 승용차는 곧 근처 초록 나무 숲속으로 들어간다… 까치울은 숲이 많아서 까치들이 많이 살았나?

문득 얼마 전에 읽은 시 한 구절이 떠오른다.

"민들레가 피고 까치가 날고
아가씨가 지나고 바람이 일고"

까치울 근처에는 늦은 봄꽃들이 들꽃처럼 피어나는 아담한 생태공원이 있다. 세 아가씨는 점심 후, 봄날 오후 반나절을 생태공원 숲속에서 즐겁게 놀다가 헤어진다.

아름다운 쪽도리 꽃을 이고 있는 듯, 신기하게 자그마한 나무들을 지나— 나도 데려가 달라고 손짓하는 늦은 봄꽃들을 애처로이 놔두고— 차마 안 떨어지는 걸음으로,

세 아가씨는 집으로 간다.

금세 아내가 되어,

남편이 있는 집으로 빨리 저녁하러 들어간다.

당신을 그리워하고 있는데

그날(세 아가씨의 봄날) 까치울 숲에서 집으로 돌아온 나.

뭔가 미련이 남아서 옷장 서랍을 열고 오래된 홈웨어를 꺼낸다. 몇십 년 전 여름, 정죽 님 초대받아 강진으로 간 날, 내게 편하게 입으라고 만들어주신 반팔 원피스다.

그런데 이제야 자세히 그 옷을 보니, 우리 집에 있는 '고흐의 꽃밭(내가 지은 이름)'같이 반추상적인 자잘한 꽃들이 다소곳이 흐드러져 있다. 그걸 꺼내서 입고 작은 밤톨만한 연한 주황색 호박 목걸이(사부인이 주신 것)를 길게 늘어뜨리니, 내 옷에서 여태 못 본 우아함이다. 순간 대 발견이나 한 것처럼 정죽 님께 전화하니, 집 전화는 안 받으시고 휴대폰을 받으신다.

전에 듣던 힘 있고 생기 있는 목소리가 아니다.

그는 지금 아드님 댁 근처 병원에 입원 중이시다.

목소리는 약한데 그래도 발음은 분명한 목소리로 말씀하신다.

"…내가 당신을 그리워하고 있었는데, 전화하네요.

하나님 섭리네요… 내가 집 근처 병원에서 입원할 때도 당신 책 한 권 가지고 가고, 이 병원에 올 때도 한 권 가지고 왔어요. 집에서 볼 때와는 아주 달라요. 여기서 보니까 더— 당신 책은 그리스도인에게 선물이어요."

"예, 예? 힘드신데 말씀 그만 하셔요. 전화 끊을게요."

"아니요 진통제 맞아서 지금은 괜찮아요.

내일 퇴원해요. 다 나아서 퇴원한 게 아니고…"

나는 전화를 끊는다.

그의 입원에 놀라고, 내 책에 대해 하신 그의 말씀에 또 놀란다. 어서 회복하셔야 할 텐데… 그리고 정죽 님 말씀처럼 내 책이 요즘 그리스도인에게 선물이 된다면,

얼마나 더 주님 말씀대로 살아야 하고, 얼마나 더 진실하게 써야 할까?… 그런데 만들어 주신 옷 자랑이나 하려는 나.

이 시대가, 지금이 어느 때라고!

아아, 그 20만 원 1

요양보호사이신 어느 독자가 '안 해 본 일 없이 다 해 본 독자' 틀니 값에 보태라고 20만 원 보냈다. 자기 통장에 남은 돈이 꼭 20만 원 있어서 그걸 보낸다고.

그러면서 20만 원이 통장에 들어오게 된 경위를 설명한다.

그 경위는 처절해서, 몇 번이나 신음하면서 들었다.

그가 돌보는 91세 노인(여)이 어느 날, 적금 500만 원 찾아서 친정 질녀에게 주려고, 질녀 앞세우고 은행으로 어디로 돌아다니다가 오미크론 확진 판정을 받았다.

요즘 확진자는 자기 집에서 자가격리해야 한다. 노인은 검사받은 병원에 입원 못하고 자기 집으로 가야 했다.

이때, 요양보호사인 독자가 노인의 보호자인 아들에게 전화하니, 아들은 노인을 요양보호사에게 부탁한다.

'지금 노인 집으로 먼저 가서 소독하고, 병원에 있는 노인을 집으로 모셔가 달라고.'

그 아들은 코로나 확진자인 91세 어머니를 요양보호사에게 맡기면서 부탁한다.

착한 독자는 그 아들 부탁대로 노인을 맡기로 하고, 먼저 집안 소독부터— 그는, 마스크 3개 쓰고 온 집안을 몇 시간 동안 꼼꼼히 소독하고, 그 확진자 노인을 모시고 그의 집으로 갔다. 아들도 모시고 가기 꺼리는 노인 확진자를 모시고 가서, 저녁 드시게 하고 귀가하려고 하니, 노인이 그를 꽉 붙잡는다. 무섭다! 오늘밤 옆에 있어 달라고!…

그는 망설이다가 남편에게 전화한다.

노인이 확진자라는 말도 않고, 오늘밤은 여기에서 자게 됐다면서, 남편이 안 된다고 할까 봐 서둘러서 얼른 수화기를 놓는다. 사람 맘으로 이렇게 할 수 있을까?… 그는 죽어가는 이웃을 내 몸같이 사랑하는 작은 예수님이다.

아들도 꺼리는 노인을 집으로 모시고 와서 저녁 드시게 하고, 저녁이면 드신다는 수면제 먹이고… 잠시 잠이 들었다가 깨어난 노인은 병세가 점점 악화돼 숨쉬기도 어려워지는데, 그때 노인은 무슨 말을 하려고 애쓴다. 무슨 말씀하고 싶으냐고 물어도 혀가 굳어지는지 발음이 부정확.

종이를 갖다 드려도 글자 쓸 힘도 없는지 못 쓰고… 그래도 노인은 애써 입을 모으더니, 죽을힘을 다해서 겨우 한마디— "사…랑…해…"

자기 옆에서 밤을 새워 주는 요양보호사에게 마지막 생명을 다 쥐어짜서 하는 말이다.

'사…랑…해…' 처절해서 들을 수가 없다.

그렇게 처절한 밤을 보내고 새벽이 되자, 독자는 119 불러서 노인을 병원으로 보내드렸다.

며칠 뒤, 그 노인의 아들이라는 사람이 어머니 장례 치르고 나서, 요양보호사인 그에게 수고했다고 20만 원 보냈다.

그 돈을 내게 다시 보낸다.

'그 독자, 틀니 값에 보태라고…'

아아 그 돈 20만 원.

나는 뭐라고 더 쓸 힘도 없고, 쓸 자격도 없다.

이 얘기를 듣는 이의 마음대로 느끼시길 바랄 뿐이다.

내가 뭐라고 써서 그의, 이웃을 내 몸처럼 사랑하는 마음을 제한하고 싶지도 않다.

서서 이 글을 쓰고 있는데,

다리가 미세하게 저려오고 있다.

아아, 그 20만 원 2

몸으로— 말로만 아닌 몸으로.
아들도 멀리한 코로나 확진자 91세 노인을.
사경을 헤매는 그 노인을 마지막까지 안아준
요양보호사님.
그가 노인의 아들로부터 받은 간병비 20만 원.
그건 돈이 아니다— 그가 생명을 바쳐, 노인의 외로운 죽음의 고갯길까지 동행한, 그의 목숨 값이다.
그러나 그것마저 더 가난한 이웃,
틀니 하는데 보태라고 보내신 요양보호사님.

그는, 그 요양보호사님은 말로만 이웃을 사랑하는
이 시대 기독교 신자들에게—
다른 사람 아닌 나에게—
보여주시는 예수님 모습이다.

기일혜 수필집 48

세 아가씨의 꿈같은 봄날

초판 발행일 2022년 8월 19일

지은이 기일혜
펴낸이 임만호
펴낸곳 도서출판 크리스챤서적
등 록 제10-22호(1979. 9. 13)
주 소 서울 강남구 선릉로112길 36 창조빌딩 3F(우: 06097)
전 화 02) 544-3468~9
F A X 02) 511-3920
e-mail holybooks@naver.com

Printed in Korea
ISBN 978-89-478-0381-6 03810

정가 4,000원